YSG

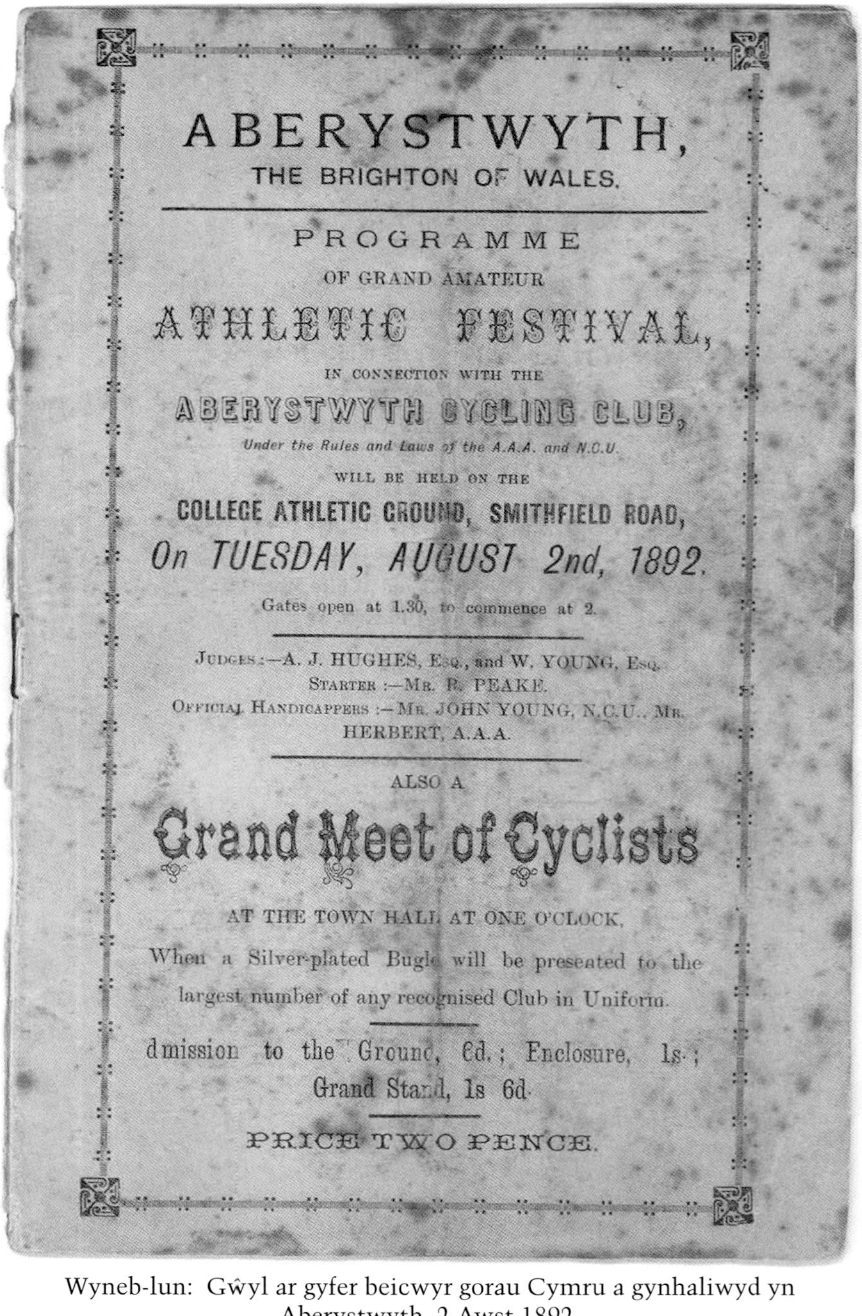

ABERYSTWYTH,
THE BRIGHTON OF WALES.

PROGRAMME
OF GRAND AMATEUR
ATHLETIC FESTIVAL,
IN CONNECTION WITH THE
ABERYSTWYTH CYCLING CLUB,
Under the Rules and Laws of the A.A.A. and N.C.U.
WILL BE HELD ON THE
COLLEGE ATHLETIC GROUND, SMITHFIELD ROAD,
On TUESDAY, AUGUST 2nd, 1892.
Gates open at 1.30, to commence at 2.

JUDGES:—A. J. HUGHES, Esq., and W. YOUNG, Esq.
STARTER:—MR. R. PEAKE.
OFFICIAL HANDICAPPERS:—MR. JOHN YOUNG, N.C.U., MR. HERBERT, A.A.A.

ALSO A
Grand Meet of Cyclists
AT THE TOWN HALL AT ONE O'CLOCK,
When a Silver-plated Bugle will be presented to the largest number of any recognised Club in Uniform.

dmission to the Ground, 6d.; Enclosure, 1s.; Grand Stand, 1s 6d.

PRICE TWO PENCE.

Wyneb-lun: Gŵyl ar gyfer beicwyr gorau Cymru a gynhaliwyd yn Aberystwyth, 2 Awst 1892.

COF CENEDL XX

YSGRIFAU AR HANES CYMRU

Golygydd
GERAINT H. JENKINS

Gwasg Gomer

Argraffiad cyntaf – 2005

ISBN 1 84323 463 7

Dymuna'r cyhoeddwyr gydnabod cymorth Adrannau Cyngor Llyfrau Cymru.

Argraffwyd gan
Wasg Gomer, Llandysul, Ceredigion

Galwaf am fynnu o'n cenedl ni
Gymod â'i theg orffennol hi.

E. Prosser Rhys

Y bedd yw'n hetifeddiaeth;
esgyrn yw ein cynhysgaeth.
Tywodyn yw'n treftadaeth.

Ceri Wyn Jones

Ni ellir deall hanes heb ei ymarfer.

Fernand Braudel

Cynnwys

Lluniau

Rhagair

Pan ddechreuais, ar anogaeth Dr Gwynfor Evans, baratoi rhifyn cyntaf *Cof Cenedl* ym 1984, ni freuddwydiais y byddai'r gyfres yn profi mor llwyddiannus fel y byddwn, ymhen ugain mlynedd, yn dathlu cyhoeddi'r ugeinfed rhifyn. Dros y blynyddoedd cynhyrchwyd cyfanswm o 120 o ysgrifau gan 107 o awduron (cafwyd dwy ysgrif gan 12 ysgolhaig, a thair – un i lenwi bwlch ar y funud olaf – gan y golygydd ei hun). Petai rhywun wedi proffwydo yng nghanol hirlwm y drefn Thatcheraidd y gellid rhwydo dros gant o bobl i lunio ysgrif yn Gymraeg ar gyfer cyfres ar hanes Cymru, prin y byddai neb wedi ei goelio. Tybid mewn sawl cylch y pryd hwnnw mai Saesneg oedd yr unig iaith briodol ar gyfer haneswyr Cymru ac fe ŵyr y sawl sy'n gorfod ymgodymu ag Ymarferion Asesu Ymchwil ym Mhrifysgolion Cymru ac sydd wedi darllen darlith heriol Richard Wyn Jones, *Methiant Prifysgol Cymru* (2004) fod y meddylfryd hwnnw yn dal i fwrw ei gysgod drosom. Ond yr wyf yn dal i gredu, yn enwedig yn y Gymru *cool* ddatganoledig a dwyieithog hon, fod dyletswydd arnom i ysgrifennu ein hanes yn ein mamiaith, i annog yr ifainc i wneud hynny, ac i sicrhau bod deunydd cyfoethog a darllenadwy ar gael ar gyfer ein pobl.

O fwrw golwg dros y rhifynnau a gyhoeddwyd, chwith meddwl bod saith cyfrannwr gwybodus a ffraeth, sef W. Gareth Evans, R. Tudur Jones, D. Tecwyn Lloyd, Proinsias Mac Cana, Cyril Parry, Gwyn A. Williams a J. E. Caerwyn Williams, wedi ein gadael yn ystod y deng mlynedd diwethaf. Coffa da amdanynt, a gobeithio'n wir y bydd rhai o'r haneswyr ifainc sydd wedi cyfrannu i'r rhifyn hwn, ac i rai blaenorol, yn llenwi'r bylchau sylweddol hyn yn y dyfodol.

Er fy mod yn gwerthfawrogi'r ffaith fod cynifer o

adolygwyr wedi canmol y gyfres yn hael dros y blynyddoedd, ni allaf ddweud â'm llaw ar fy nghalon fod ei chynnwys wedi llwyddo i gwmpasu pob agwedd ar orffennol Cymru. Tasg drybeilig o anodd yw cael hyd i awduron sy'n gallu trafod pynciau economaidd, demograffig, diwydiannol a dinesig yn Gymraeg, a byddai'n anffodus petai astudiaethau ar hanes Cymru drwy gyfrwng y Gymraeg yn cael eu cysylltu â'r dyniaethau a'r celfyddydau yn unig, er eu pwysiced. Ond gan mai pennaf nod y gyfres yw dyfnhau'r ymdeimlad o genedligrwydd ymhlith y Cymry Cymraeg, hwyrach ei bod yn anorfod ei bod hi'n cynnwys trafodaethau ar bynciau megis hanes y Celtiaid, twf hunaniaeth Gymreig, argyfwng yr iaith Gymraeg, a chyfraniad unigolion allweddol megis Llywelyn ap Gruffudd, Owain Glyndŵr, John Penry, Iolo Morganwg, Michael D. Jones, David Lloyd George a Saunders Lewis, ac ar themâu amgylcheddol dadleuol fel cartrefi'r Cymry, boddi dyffrynnoedd a chodi gwersylloedd gwyliau.

Un o'r datblygiadau mwyaf cyffrous yn ddiweddar fu'r diddordeb brwd yn hanes merched yng Nghymru. Ceisiwyd adlewyrchu hyn ar dudalennau'r gyfres hon mewn ysgrifau, er enghraifft, ar addysg y ferch, ar ryddieithwyr a beirdd benywaidd, ac ar ferched yn y gymuned forwrol. Gwnaethpwyd ymdrech arbennig i recriwtio merched i lunio ysgrifau ac y mae'n dda gennyf ddweud bod eu niferoedd wedi treblu yn ystod y deg rhifyn diwethaf a'u bod wedi torri tir newydd drwy drafod pynciau fel cerdd dant yn yr Oesoedd Canol, delweddau o'r glöwr ar ffilm, a'r ymgyrch i achub y mamau yng nghymunedau'r de rhwng y ddau Ryfel Byd. Yr wyf yn arbennig o falch hefyd o fod wedi gallu rhoi cyfle i ymchwilwyr ifainc fwrw eu prentisiaeth fel haneswyr drwy gyfrannu i'r gyfres hon. Trwy gomisiwn yn unig y caiff unigolion y 'fraint' o ymddangos o fewn cloriau *Cof Cenedl*, ond yr wyf bob amser yn falch o wybod am rywrai sy'n awyddus i ymuno â'r dethol rai.

Hoffwn fanteisio ar y cyfle i fynegi fy niolch diffuant i Menna Davies, Nia Davies a Dewi Morris Jones am eu cymorth parod wrth baratoi'r ugeinfed rhifyn hwn. Diolchaf yn gynnes hefyd i Gyngor Llyfrau Cymru am eu nawdd hael. Bu Gwasg Gomer yn dŵr cadarn i mi ar hyd y daith a chefais anogaeth arbennig iawn gan Bethan Mair. Byddai'n dda iawn gennyf gredu y bydd golygydd iau na mi yn cyhoeddi o'r un stabal lewyrchus hon ddeugeinfed rhifyn *Cof Cenedl* yn 2025.

Gŵyl Owain Glyndŵr 2004 *Geraint H. Jenkins*

Y Cyfranwyr

Mr M. PAUL BRYANT-QUINN, Cymrawd Ymchwil, Canolfan Uwchefrydiau Cymreig a Cheltaidd Prifysgol Cymru

Yr Athro CERI DAVIES, Adran y Clasuron a Hen Hanes, Prifysgol Cymru Abertawe

Yr Athro GERAINT H. JENKINS, Cyfarwyddwr, Canolfan Uwchefrydiau Cymreig a Cheltaidd Prifysgol Cymru

Dr HYWEL GETHIN RHYS, Myfyriwr Ymchwil, Adran Hanes a Hanes Cymru, Prifysgol Cymru Aberystwyth

Dr STEVEN THOMPSON, Darlithydd, Adran Hanes a Hanes Cymru, Prifysgol Cymru Aberystwyth

Yr Athro D. DENSIL MORGAN, Adran Diwinyddiaeth ac Astudiaethau Crefyddol, Prifysgol Cymru Bangor

Dymuna'r golygydd a'r cyhoeddwyr ddiolch i'r canlynol am ganiatâd i atgynhyrchu'r lluniau hyn:

Cofnod Henebion Cenedlaethol Cymru: Rhif 10.
Llyfrgell Aberdâr: Rhifau 27, 28, 29.
Llyfrgell Genedlaethol Cymru: Wyneb-lun; Rhifau 7, 8, 9, 11, 12, 13, 14, 15, 16, 17, 18, 19, 20, 21, 22, 23, 24, 25, 26, 30, 31, 32, 33, 34, 35, 36.
Lynn Harrison: Rhifau 3, 5, 6.
Richard Jordan: Rhifau 1, 2.
Tania Milne: Rhif 4.

CHWEDL SIÔN CENT

M. Paul Bryant-Quinn

Until recent times, it has been a tenacious belief in many parts of Britain that certain people possessed supernatural powers, whether for good or ill, by which they heal or harm, bless or curse, or could control devils, ghosts and spirits. The most famous master-magician of the Border region is the legendary Jack o' Kent . . .

Jacqueline Simpson

Nid oes unrhyw amheuaeth nad oedd Siôn Cent, fel y cydnabu Saunders Lewis mewn erthygl ddisglair a luniodd arno ym 1979, yn fardd mawr a phwysig. Mwy dadleuol oedd ei farn nodweddiadol ysgubol mai'r cywydd 'Pruddlawn yw'r corff priddlyd' yw '[c]erdd rymusaf yr iaith Gymraeg yn y bymthegfed ganrif ac un o gampweithiau pennaf cerdd dafod erioed'. Ond serch ei fawl dibrin i'r bardd dadleugar (a dadleuol) hwn, ni allai Saunders Lewis lai na gresynu ynglŷn â'r ffaith fod astudiaethau ar Siôn Cent wedi bod dan gwmwl ers hanner canrif. Ei nod wrth lunio'r erthygl honno oedd datguddio mawredd y bardd, ei ddwyn o'r newydd i sylw'r cyhoedd, a chymell eraill i ailystyried ei gyfraniad i lenyddiaeth Gymraeg y cyfnod. Ond prin odiaeth yw'r hyn a wyddys am y bardd canoloesol hwn, ac eithrio'r briwsion y gellir eu lloffa o dystiolaeth ei gerddi dilys. Hyd yn hyn, ni ddaeth fawr ddim tystiolaeth hanesyddol gadarn i'r amlwg amdano, ac erys John Kent neu Siôn [y] Cent, fel y cyfeirir ato yn y ffynonellau cynharaf, yn un o ddirgelion ein llên.

Fel y gellid disgwyl, lle y bo dirgelwch bydd dyfais, a phrofodd y cyfuniad o boblogrwydd y cerddi a briodolwyd o'r bymthegfed ganrif ymlaen i Siôn Cent, a'r diffyg gwybodaeth amdano, yn demtasiwn ac yn ysbardun i ddychymyg gwlad. Cafodd y sawl a geisiai lenwi'r bwlch ddeunydd crai nid yn unig o'r ychydig a gofiwyd am y Siôn hanesyddol ac am bynciau ei ganu, ond hefyd o gronfeydd amrywiol eraill. Fel y gwelir, yr oedd rhan o'r deunydd hwn yn ddyledus yn y pen draw i straeon a adroddid am gymeriadau hanesyddol eraill, ond yr oedd cyfran arwyddocaol ohono yn drwyadl fytholegol, wedi ei dynnu o'r amryw haenau o chwedlau y ceir eu gwreiddiau ymhlith motiffau llên gwerin ryngwladol. Dros gyfnod o amser ac mewn cylch daearyddol gweddol ddiffiniedig, sef sir Fynwy, sir Forgannwg, swydd Henffordd a swydd Gaerloyw, daethpwyd i wau edau gyfrodedd y straeon hyn, a'r amrywiadau niferus arnynt, o gwmpas cymeriad a elwid yn Saesneg gan amlaf yn 'Jack o' Kent' (er nad oedd gan y straeon hyn fawr ddim cysylltiad â swydd Gaint ei hun). Ac mewn ardaloedd lle y bu deunydd o'r ddwy iaith a'r ddau ddiwylliant yn gyd-ddylanwadol, daeth brith atgofion am hanes sawl Sais a Chymro a chanddynt hwythau enwau cyffelyb, a'r bardd Siôn Cent yntau yn eu plith, yn rhan o dwf y myth cyfan. Er nad oes modd dyddio dechrau'r proses hwn, erbyn yr unfed ganrif ar bymtheg o leiaf daethpwyd i greu yn nychymyg pobl y gororau ffigur cysgodlyd, cyfuniad o ddyn ac ellyll, nad oedd a wnelai ddim ag undyn byw, chwaethach y bardd Cymraeg hanesyddol y bu ei ganu yn her i foesau ei gymdeithas a'i oes ei hun.

Y mae'r modd y crëwyd, neu yn hytrach y cymathwyd, y chwedl gyfansawdd sy'n gyfuniad o Jack o' Kent a Siôn Cent yn stori sydd, pa mor ddiddorol bynnag, ymhell o fod yn unigryw. Gellid yn deg ofyn a ddylid neilltuo lle ymhlith cyfres o ysgrifau ar hanes Cymru i ffenomen y byddai'n fwy addas ei hastudio dan y pennawd 'llên gwerin'. Ond y mae i'r Siôn Cent/Jack o' Kent hwn gryn bwysigrwydd, oherwydd os gwir bod cof cenedl yn diogelu ac yn trosglwyddo, y mae hefyd yn creu ac yn trawsffurfio. Ac yng nghof y ddwy genedl a fu'n byw ochr yn ochr â'i gilydd drwy'r gororau, o ddiwedd y bymthegfed ganrif hyd at ail hanner y bedwaredd ganrif ar bymtheg, daeth y chwedlau a dyfodd am Siôn Cent yn rhan annatod o hanes y ffenomen lenyddol gyfan a gysylltir â'i enw. Yn sicr, ni ellir deall yr ymateb a fu yn y Gymru Gymraeg i Siôn Cent, y bardd hanesyddol o'r bymthegfed ganrif, heb gyfrif dylanwad ei efaill tywyll mytholegol hefyd. Prin fod yr un bardd Cymraeg arall y mae'r chwedlau amdano wedi llunio'r portread cyffredinol ohono ef a'i waith i'r fath raddau. A chan fod pymtheng mlynedd a thrigain er pan neilltuwyd sylw i'r pwnc, efallai ei bod yn bryd edrych arno eto.

Chwedl, tyb a hanes: bu'r tri hyn yn gydymdreiddiol ddylanwadol ac yn gyd-gyfrifol am y darlun o Siôn Cent fel y'i hamlygwyd hyd yn oed ar ddechrau'r ugeinfed ganrif. Y mae'n briodol, felly, ystyried sut y daethpwyd i'w cymysgu a'u hasio ynghyd. Ym 1892 casglodd Charles Lethbridge Kingsford yr hyn a oedd yn hysbys, neu o leiaf yn dybiedig, am hanes Siôn Cent ar gyfer y *Dictionary of National Biography*. O'i gymharu â mwyafrif cofnodion cytbwys ysgolheigaidd y bywgraffiadur hwnnw, ysgrif bur ryfedd a gafwyd gan Kingsford, ac y mae'r ffin rhwng yr elfennau chwedlonol a hanesyddol yn yr wybodaeth a gyflwynodd yn lled denau. Ni chafwyd ganddo unrhyw ymgais i ddadansoddi'n feirniadol y deunydd a gafodd o'i ffynonellau, a bodlonodd ar ailadrodd eu cynnwys. Fel y gellid disgwyl o gofio'r cyfnod, ceir ôl ysgrifau George Owen, Iolo Morganwg a Gweirydd ap Rhys ar y pwnc, a nodir yn y cofnod hefyd fod straeon am Siôn a'i alluoedd goruwchnaturiol yn parhau'n fyw ar lafar gwlad. Fel hyn y crynhodd Kingsford y ffynonellau a archwiliodd:

> Kent, John, or Sion Cent (fl. 1400), also called John of Kentchurch, Welsh bard, is said to have been born at Cwm Tridwr in the parish of Egllwisilan [sic], or, according to others, at Kilgerran, Pembrokeshire. He was educated by an uncle named Davydd Ddu o Lwyn Davydd Ddu, who lived at Pentyrch, and was afterwards a farm-servant near Caerphilly, but being ill-treated fled to Kentchurch, Herefordshire, and entered the service of the Scudamore family there. His patrons sent him to Oxford, and eventually he became a parish priest, first at Newcastle Emlyn, and then at Kentchurch. He is said to have lived to the age of a hundred and twenty. The popular legends make Kent a magician, and many stories of his power are still current in Monmouthshire; 'as great as the devil and John of Kent' is a local proverb. One legend relates that he outwitted the devil by being buried half within and half without the church

> at Kentchurch . . . In the possession of the Scudamore family at Kentchurch there is an ancient portrait, supposed to represent Kent; . . . The Scudamores are descended from a daughter of Owen Glendower, and hence some have conjectured that Kent was Glendower in disguise.

Un peth sy'n sicr. Collwyd llawer mwy o'r straeon am Siôn Cent na'r hyn a gadwyd. Y mae hynny'n drueni, oherwydd y mae canghennau'r chwedl honno yn rhan bwysig a dadlennol o hanes llên gwerin Cymru. Bu'r dibrisio a fu arnynt ar y pryd yn golled fawr i'n dealltwriaeth o broses creadigol y traddodiad is-lenyddol yng Nghymru. Serch hynny, ceir awgrym yma a thraw ynghylch cyfoeth y chwedloniaeth a dyfodd o gwmpas enw Siôn, yn ogystal â'i pharhad annisgwyl mewn rhai mannau. Ceir un enghraifft ddiddorol o ardal Caerffili, mangre a chanddi gysylltiad penodol â chwedl Siôn Cent, fel y nododd Kingsford ei hun. Yr oedd dau ddegawd cyntaf yr ugeinfed ganrif yn gyfnod pan ddaethpwyd i sylweddoli bod chwaraeon a rhigymau Cymraeg yn prysur ddiflannu o'r tir ymhlith plant ysgol yn rhai o gymoedd de Cymru, a cheisiodd nifer o athrawon craff a diwyd yr ardaloedd hynny eu cofnodi. Casglodd athrawon Ysgol Lewis i Fechgyn, Pengam, rai o draddodiadau llafar gogledd Cwm Rhymni. Gan ddilyn eu hesiampl, aeth athrawon yn The Higher Education School, Caerffili, ati yn ddiweddarach i roi ar glawr hanesion llên gwerin Caerffili a rhan ddeheuol Cwm Rhymni. Gwnaethpwyd hyn dan gyfarwyddyd athro o'r enw James Davies, ac argraffwyd peth o'r ymchwil honno ym 1920 yn *The Folklore and Place Names of the Caerphilly District*. Er bod y copi gwreiddiol o'r casgliad y tynnwyd ohono ddeunydd ar gyfer y gyfrol bellach ar goll, ceir yn llyfrgell tref Caerffili lungopi o ran o'i gynnwys. Yno, gwelir bod rhai o'r eitemau a gasglwyd yn ymwneud â'r chwedlau a gysylltir â Siôn Cent. Wrth esbonio'r arfer o alw pobl y dref yn 'Gawcis Caerffili', nododd James Davies mai'r gred leol

1 Llun y tybid ar un adeg mai Siôn Cent ydoedd (trwy garedigrwydd John Scudamore).

oedd '[that] they were called "cawcis" because they lived in the neighbourhood of the castle which was the haunt of jackdaws; [but] the old story of Siôn Cent imprisoning the jacdaws in the castle, when he was a servant at Pontgwyndy farm and wanted to go to Grosmont fair, may have influenced the [selection] of this nickname for the people of Caerphilly'. Ac ymhlith y rhigymau a glywodd Davies gan blant ar fuarth chwarae ei ysgol, ceir y pennill hwn:

Mae'n bwrw glaw, a wthi gwynt,
A tŷ Siôn Cent yn shiglo,
A Sioni bach yn rhedeg ma's
Rhag ofon i'r tŷ gwmpo.

Y mae'n ddiddorol bod straeon am y Siôn Cent chwedlonol, pa mor garbwl bynnag y bônt, yn dal ar dafodleferydd plant Cymraeg yn nauddegau'r ugeinfed ganrif. Ond, fel y gwelwyd eisoes, y mae i frith atgofion y plant hyn hanes hŷn o lawer. Ymddengys fod y chwedl am Siôn Cent, yn ei ffurf fwyaf datblygedig, yn gyfuniad o ddeunydd y gellir adnabod ei wahanol haenau yn weddol eglur. Yn ne-ddwyrain Cymru a swydd Henffordd, cysylltir motiffau llên gwerin ryngwladol â chymeriadau yn dwyn enwau megis 'Jack o' Kent', 'Jackie a' Kent', a 'John of Gwent'. Ond ceir eu tebyg ledled Cymru a'r gororau yn ogystal. Adroddir straeon cytras yn sir Faesyfed, er enghraifft, am Ddafydd ap Hywel, Dafydd Siôn Ifan, neu 'Davies of Radnorshire'. Mewn eisteddfod a gynhaliwyd yn Llanelli ym 1895, cafwyd cystadleuaeth ar y testun 'Casgliad Llên Gwerin Sir Gaerfyrddin'. Nodwyd yn y traethawd buddugol ynghylch rhyw 'Robin Ddu Ddewin': 'Y mae efe yn llanw y cylch traddodiadol yn Ngwynedd a lenwir gan Sion Cent yn Ngwent a Morganwg.'

Yn swydd Henffordd ei hun bu haneswyr lleol a'r sawl sy'n ymddiddori mewn llên gwerin yn cofnodi'n ddiwyd yr hyn sy'n weddill o'r 'many stories' am Siôn Cent y

2 Derwen Jack o' Kent, cwrt Llan-gain.

3 Maen hir ger Stroat, Cas-gwent, y dywedir i'r diafol ei daflu o gomin Ystrad Hafren (Tidenham) wrth gystadlu â Jack o' Kent.

cyfeiriodd Charles Kingsford atynt. Nodwyd bod y chwedlau hyn yn ymrannu'n wahanol deipiau, bod amrywiadau niferus arnynt, a'u bod yn ymwneud yn aml ag esboniadau ar enwau lleoedd neu dirnodau penodol. Yn y cyntaf o'r rhain (a phwysleisir mai at deipiau enghreifftiol yn unig y cyfeirir yma), ceir grŵp y mae cerrig, neu bethau a adeiladwyd o gerrig, yn elfen thematig bwysig ynddynt:

i. Y mae nifer o straeon am Jack o' Kent yn peri i'r diafol adeiladu pont, megis yr un a geir bellach ar afon Fynwy yn Llangain, ac a elwir yn 'pont Siôn Cent'.
ii. Ymrysona Jack â'r diafol drwy daflu cerrig: dywedir ar lafar mai'r tri maen hir sy'n sefyll ger Tryleg yw'r rhai a daflodd y Gŵr Drwg o'r Ysgyryd Fawr, neu Ynysgynwraidd, at Jack o' Kent. Fe'i gelwir o hyd gan rai yn 'Jack o' Kent's stones'. Felly hefyd, fe ymddengys, cysylltir 'the devil's quoits' a geir ger Rogiet, Cas-gwent, ag ef, er bod i'r stori hon amrywiad sy'n cyfeirio at ymryson a fu yno rhwng 'yr Arglwydd' a'r diafol.
iii. Ceir maen hir ger Stroat, Cas-gwent, y dywedir i'r diafol ei daflu o gomin Ystrad Hafren (Tidenham) mewn cystadleuaeth â Jack o' Kent.
iv. Ger Llanwrfwy (Garway), ceir cerrig gwyn y deil traddodiad mai Jack o' Kent a'u gwnaeth yn gored neu argae.

Y mae nifer o'r straeon a gysylltir â Jack o' Kent hefyd yn ymwneud â materion amaethyddol:

v. Twyllodd Jack y diafol mewn sawl ffordd wrth iddo geisio meddiannu cnwd neu gynhaeaf o wahanol fathau. Heria Jack ef i ddewis naill ai yr hyn sydd uwchben wyneb y tir neu'r tyfiant sydd odano. Boed ŷd neu datws, diwedd y stori yw mai Jack sy'n ei gael bob tro.
vi. Ceir chwedlau yn ymwneud â chystadlaethau aredig rhwng Jack a'r diafol.

vii. Yn Canon Pyon Butts, swydd Henffordd, dywedir mai canlyniad ymryson arall rhwng Jack a'r diafol yw'r talpiau mawr o bridd a geir yno.

viii. Llwydda'r diafol i gael Jack i ddyrnu'r ŷd, ond y mae gan Jack goblyn at ei alw sy'n gorffen y gwaith drosto.

ix. Ceir stori am Jack o' Kent yn trechu byddin a ddaeth i Fynwy (ym 1645, fe ymddengys) drwy droi ŷd yn filwyr.

x. Pan dducpwyd gwartheg rhyw fynachlog, enfyn Jack y diafol i'w nôl.

xi. Y mae nifer o amrywiadau ar Jack a'r diafol yn prynu moch.

xii. Un noson, dymunodd y diafol fynd ag enaid Jack, ond llwyddodd Jack i'w berswadio i aros nes iddo fwyta afal. Wedi iddo wneud hynny, gallai lynu mor dynn wrth afallen fel na allai'r diafol ei symud.

xiii. Parodd Jack i'r diafol chwalu tail, ond llwyddodd i orffen y gwaith yn fuan a rhedodd ar ôl Jack, gan gydio yng nghynffon ei gôt.

Ceir nifer o chwedlau yn ymwneud ag adar neu anifeiliaid:

xiv. Fel y nododd Kingsford, y mae amrywiadau niferus yn chwedl Jack o' Kent ar fotiff cloi'r brain mewn ysgubor neu adeilad.

xv. Yr oedd ym meddiant Jack geffylau Annwfn a allai hedfan, a cheir nifer o straeon amdano'n mynd i Lundain, neu'n mynd â chymeriad arall yno, megis ei noddwr 'Scudamore'.

xvi. Proffwydodd Jack y byddai cigfran a cholomen yn ymgiprys uwch ei fedd ar ôl iddo farw, yn arwydd o dynged ei enaid.

xvii. Gan fod y diafol yn bygwth yr âi ag enaid Jack pe cleddid ef mewn eglwys neu y tu allan iddi, mynnodd Jack ei gladdu o dan fur yr eglwys, heb fod y naill beth na'r llall.

Ymdrinnir â rhai o'r motiffau hyn yn nes ymlaen.

4 Meini hirion yn Nhryleg y dywedir i Jack o' Kent eu taflu o'r Ysgyryd Fawr wrth gystadlu â'r diafol.

Pan aeth Edward Williams (Iolo Morganwg) ati i lunio'r cofnod a gynhwyswyd yn *The Myvyrian Archaiology of Wales*, dywed iddo gael hanesion am 'Sion y Cent' yn llyfr ei gyfaill Siôn Bradford. Mewn ymgais i gyfuno'r elfennau mytholegol a chwedlonol, honnodd Iolo:

> mai Sion y Cent oedd Sioni Cwm Tridwr; mai hynod am awen a deall oedd yn fachgen; ond (vel ag y bu erioed, ac y bydd byth) ei gymodogion á genvigenent wrtho ac a'i anmharchent yn anghyvion, ac yntau yn vachgenyn tylawd wedi colli tâd a mam, nid oedd gantho vodd yn y byd i vyw ond à ennillai wrth weithio gyda ffermwyr ac eraill.

Ond, o ddarllen hyn, onid yw'n deg casglu mai dyma ddrych o'r darlun a dynnodd Iolo ohono ef ei hun yn y rhagymadrodd i *Poems, Lyric and Pastoral* ym 1794? Fel y nododd Prys Morgan: 'Iolo drew a misleading picture of his youth for the sake of gaining the sympathy of the sentimental English public, a picture of a sad, lonely, melancholy, romantic youth communing with wild nature.' O'r hyn lleiaf, fel y dywed Morgan ymhellach, yr oedd mam Iolo 'by all accounts a curious character, lonely, proud, moody, cultured, deeply conscious of her reduced circumstances'. Nid yw'n anodd credu y gallai'r gŵr 'hynod am awen a deall' gan Iolo, gŵr hefyd y byddai ei 'gymdogion' yn cenfigennu wrtho yntau ar brydiau (heb sôn am ei 'amharchu'), fod wedi dewis ymuniaethu â'r stori hon am Siôn y Cent. Efallai nad yw'n syndod ychwaith bod Siôn Cent wedi dod yn fardd gyda'r mwyaf defnyddiol i Iolo fel yr âi ei yrfa greadigol rhagddi. Ond dylid pwysleisio nad yw popeth yng nghofnod Iolo yn ffrwyth ei ddychymyg; ceir yma, yn hytrach, adlais o'r traddodiadau llafar hŷn:

> Un diwarnod oer iawn yr oedd eve yn bugeila'r brain ac ve ddaeth i dy ei veistr i ymdwymo: govynwyd iddo pam y delei oddiar y maes a gadael y brain ar yr ŷd? Y

mae y brain, ebai ve, yn ddiogel yn nghastell Caerfili. Yn nghastell Caerfili? ebai ei veistr, ac a'i pwyodd yn greulawn gan ei droi i maes o'r tŷ . . . Ei veistr á aeth i maes yn mhen ychydig, a thua'r cae gwenith, lle nid oedd gymmaint â bran iddei gweled: rhyveddu yn vawr; ond o du â Chaerfili clywed grawg a llevau anghyfredin gan vrain; myned tuag yno, a gweled y brain wrth y miloedd mewn gwirionedd; ac er nad oedd na drws na fenestr yn nghaead, nis gallai gymmaint ag un o'r brain ddianc i maes; myned i mewn a cheisio eu gyru i maes o'r twr; ond yn lle myned i maes ymgrynôi am ei ben ev a phigo ei lygaid o'i ben; yna daeth ar gov iddo y sarâed a'r anmharch à wnaeth ev ar y bachgen tylawd, à alwai eve Sioni Cwm Tridwr, a danvon i chwilio am dano; ond nid oedd neb à wyddai ronyn am dano.

Fel y nodwyd eisoes, ceir y stori hon mewn amryw fersiynau, weithiau yn ymwneud â chastell Caerffili ac weithiau ag ysgubor ei 'feistr' dienw, ac y mae'n ddiddorol nodi mai Iolo ei hun sy'n cyfeirio at y ffaith fod yr hanes am Siôn Cent yn gyrru'r brain oddi ar yr ŷd, a'u carcharu hefyd, yn cael ei adrodd ymhlith gwyrthiau Cadog. Fe'i ceir hefyd yn rhan o'r hagiograffeg a nodweddai gwlt Dewi yntau. Yn ôl Gwynfardd Brycheiniog, galwodd Peulin ar Ddewi i wared ei erwau rhag adar rheibus:

> A'r adar anwar a'i arhöi,
> Nid arhoynt-hwy neb namwyn Dewi,
> Ac ef a'u dyddug oll heb eu colli
> Yn un ysgubawr fawr a'r llawr llenwi.
>
> [A'r adar gwyllt a arhosai wrtho,
> Nid arhosent wrth neb ond Dewi,
> A dygodd ef hwy i gyd heb eu colli
> I mewn i un ysgubor fawr a llanwai'r llawr.]

Mewn perthynas â'r ysgubor y mae traddodiad lleol yn ei chysylltu â Siôn Kent neu Jack o' Kent, dywed y *Report of the Royal Commission on Kentchurch*: 'Barn known as 'Jack o' Kent's', about 1¼ m. N.N.W. of the church, is an early 17th–century building incorporating some timbers from an earlier structure . . . On one of the horizontal beams to the W. wall is cut "I. O. Kent 1596."'

Dyna, felly, bortreadu Siôn fel *puer mirabilis*, bachgen rhyfeddol a dyfodd yn ddewin ac yn ŵr o ddysg eithriadol. Yn ôl cofnod Iolo, trwy nawdd rhyw noddwr anhysbys y digwyddodd hynny:

> mewn tŷ gŵr mawr ve gafas le gwas mewn ystabl, i edrych ar y cefylau a'u bwydo; eve á orweddai bob nôs dan y preseb; ac mor ovalus oedd ev am y cefylau, val y dalwys y gwr bonheddig sulw nid bychan arno; ac eve á roddai rywvaint o arian ar brydiau iddo; ac â'r arian hyny y prynai y glasvachgen lyvrau a phapur ac á ysgrifenai ryw beth neu i gilydd yn vynych. Daliwyd sulw ar hyn, a gwelwyd y gallai y bachgen vod yn wasanaethus mewn fordd amgenach yn y teulu na bod yn yr ystabl; ac anaml iawn yr oes hòno y ceid neb à vedrai ddarllen, ac ysgrivenu, un mysg wr o radd no'r bachgen tylawd; cymerwyd ev i'r tŷ a holwyd ev, a deallwyd y medrai Ladin . . .

Er nad yw'n eglur faint sy'n ffrwyth ei ddyfeisgarwch ef ei hun, a faint a gafodd oddi ar y traddodiadau llafar y daeth yn gyfarwydd â hwy, yr oedd Iolo yn amlwg yn gwybod mwy am y straeon a gysylltid â Siôn Cent na'r hyn y mae yn ei gofnodi yn *The Myvyrian Archaiology of Wales*, megis y traddodiad sy'n honni mai nai oedd Siôn i'r bardd-offeiriad Dafydd Ddu Hiraddug, ac mai ganddo ef y cafodd Siôn ei addysg gynnar, a hynny drwy hud a lledrith yn ogystal â thrwy ddysg fwy ffurfiol. Ond dengys cyfeiriad Iolo ar ddiwedd y cofnod at yr ymryson a fu rhwng Siôn Cent a Rhys Goch Eryri beth oedd ei ffynhonnell ar gyfer y ddelwedd a rydd o Siôn Cent drwy ei alw yn 'was mewn ystabl'. Yn ei gywydd yntau, dywed Rhys Goch wrth ei wrthwynebydd barddol:

> Pam, was ystabl, y'm cablud,
> Fudredd, drwy ddygasedd drud[?]

Â Iolo rhagddo i drafod gyrfa eglwysig Siôn, gan gynnwys cyfeiriad at fotiff y chwedl ynghylch y dull y claddwyd Jack o' Kent:

> derbynwyd ev i barch, a rhoddwyd iddo swydd a chyvlog à weddai i ysgolâig; a phan ddaeth i'r oedran govynedig, urddwyd ev yn ofeiriad. Bu dros rywvaint o amser yn ngwasanaeth yr eglwys yn Emlyn; ond yn mhen tro ve gavas eglwys plwyv Cent [à elwir yn Saesoneg Censiestr], yn ngwasanaeth pa un y bu hyd varw; ac yno y claddwyd ev dan wàl y ganghell, nid yn yr eglwys nac i maes o heni, yn ol ei ddymuniad.

Er bod y gŵr a fu'n noddwr i Siôn Cent heb ei enwi yn fersiwn Iolo, yr oedd y straeon a gofnodwyd mewn mannau eraill yn weddol gytûn mai trwy nawdd y Scudamoriaid y cafodd ei addysg, ac mai yn Rhydychen y bu hynny. Daethpwyd yn raddol i synied am Siôn Cent fel gŵr eglwysig o ddysg eithriadol, o bosibl drwy ei gymysgu â gwŷr hyddysg y cysylltid eu henwau, yn ôl traddodiad, â Gwent, megis Ffransisciad o'r enw John (Johannes Guentus neu John de Went) y dywedir iddo fyw yn hanner cyntaf y bedwaredd ganrif ar ddeg yn Henffordd a dod yn ugeinfed pennaeth urdd y Ffransisciaid ym Mhrydain. Cofnodir iddo farw ym 1348. Bu gan John arall, a adwaenid weithiau fel John Kent ac weithiau fel John Caerleon, gysylltiad tybiedig â Chaerllion ar Wysg; fe'i cyfrifid yntau yn ŵr o ddysg a raddiodd o Brifysgol Caer-grawnt, a bu yn ei flodau yn ail hanner y bymthegfed ganrif. Y mae'n rhaid fod y gymysgfa hon wedi cyfrannu i'r traddodiadau am ddysg Siôn Cent, ac efallai ei bod hefyd yn esbonio paham y cyfeiriodd Gruffydd Robert, Milan, ato yn ei ramadeg *Dosparth Byrr* (1567) gan ddefnyddio'r ffurf Siôn Gwent ar ei enw. Tadogir cerddi gan Siôn Cent mewn rhai llawysgrifau ar John Kemp (neu Kempt) hefyd, sef y gŵr amryddawn a fu'n esgob yn ei dro ar Rochester, Chichester, Llundain, yn archesgob Caerefrog a Chaer-gaint, ac yna yn gardinal cyn ei farw ym 1454. Yng ngeiriau nodweddiadol sychlyd Ifor Williams, 'nid oes raid aros i brofi na all mai hwn oedd y gŵr a gablwyd gan Rys Goch'.

Ond efallai y gellir dirnad yn well sut y buwyd yn synied am gysylltiadau eglwysig honedig Siôn Cent drwy nodi'r ffaith fod aelodau clerigol a seciwlar o sawl teulu â'r cyfenw Kent yn bur ddylanwadol yng Nghymru, a hefyd ar hyd gororau Cymru a Lloegr, yn y bedwaredd ganrif ar ddeg a'r bymthegfed ganrif. Dyna, er enghraifft, y teulu amlganghennog de Kent y cyfeirir ato droeon mewn dogfennau sy'n ymwneud ag ardaloedd Ledbury a Bromyard yn y cyfnod hwn. O ystyried y clerigwyr a oedd yn perthyn i'w tras, ceir y dominus Johannes Kent a bortreedir mewn ffenestr liw oddeutu 1330 yn eglwys Eaton Bishop, a'r John de Kent a ordeiniwyd yn acolyt ym 1334 yn Ledbury. Perthnasol hefyd yw'r cofnod a geir yn *The Register of Bishop Lewis Charlton* (a gedwir bellach yn llyfrgell cadeirlan Henffordd), ar gyfer 4 Ebrill 1366, 'at Bosbury church . . . John de Kent, ordained deacon, alongside Philip de Kingestone. Religiosi, Grace Dieu' (sef yr abaty Sistersaidd). Yn ôl nodyn pellach yn yr un rhestr ar gyfer 19 Rhagfyr 1366, ordeiniwyd y ddau hyn yn offeiriaid yn Bromyard. A beth am y John de Kent arall y cofnodir iddo fod yn ficer Llan-gain rhwng 1381 a 1390 ac a fu, yn ôl pob tebyg, yng ngwasanaeth y Scudamoriaid yn Llan-gain? Ai atgof cymysglyd o'r clerigwr penodol hwn, efallai drwy amryfusedd hefyd ynghylch Siôn Cent y bardd Cymraeg, a roes fod i'r nodyn a geir yn llawysgrif Caerdydd 50, 379:

> John Kent a fv varw ynghwrt llan gayn yn sir henffordd ac [yn] llan gayn y kladdwyd. Mr. Skidmore oedd ei feisder.

Er gwaethaf amheuon Ifor Williams ynghylch y cyfeiriad, profodd Ffrancis Payne yn ddiweddarach mai 'noddwr' oedd ystyr *meisder* yn y cyd-destun hwn. O ganlyniad, y mae'n rhesymol gofyn ai nawdd y Scudamoriaid i offeiriad (neu offeiriaid) o'r teulu de Kent yn Llan-gain a'r cylch a fu'n sail i'r chwedlau am berthynas honedig Syr John Scudamore, mab-yng-nghyfraith tybiedig i Owain Glyndŵr, a Siôn Cent? Fodd bynnag, gellir bod yn ffyddiog nad oes cysylltiad rhwng enw Siôn Cent ac enw Saesneg Llan-gain. Wedi ystyried y ffurfiau cynharaf ar Kentchurch/Llan-gain, digon swta oedd barn Ifor Williams: 'pwy bynnag a gymer y ffurf ddiweddarach Kentchurch fel prawf mai gŵr oddiyno oedd Siôn, fe fyn bwyso ar gorsen go ysig, a gwylied gledr ei law'.

Cyn gadael y cysylltiad honedig rhwng John Scudamore a Siôn Cent, rhaid cyfeirio at y Johannis Kent hwnnw o Thaxted, swydd Essex, sef gwneuthurwr arfau neu gyllellwr a enwir mewn rhestr o'r rhai yr honnwyd iddynt gefnogi Owain Glyndŵr yn Lloegr drwy ddarparu arian ac arfau ar ei gyfer. Fe'i henwir mewn perthynas ag un Johannis Skydmoor:

> a hefyd ynghylch yr hyn a dderbyniodd John Oke, cyhuddwr a bradwr, oddi wrth John Kent o Thaxted ar y dydd Mawrth nesaf cyn dechrau'r Grawys, yn nhrydedd flwyddyn y Brenin Harri [7 Chwefror 1402], sef trichant o farciau aur ac arian i'w trosglwyddo i'r dywededig Owain yng Nghymru; cludodd hwy yno drwy orchymyn John Kent, a enwyd eisoes, a'u rhoi i John Skidmore . . .

Mynegodd Ralph A. Griffiths amheuon ynghylch dilysrwydd neu eirwiredd y rhestr ryfedd hon, ond tybed na cheir yma eto adlais o'r gymysgfa a roes hwb i dwf y chwedl am Siôn Cent fel y'i ceir yn ei ffurf ddiweddarach?

Er nad yw Iolo Morganwg yn cyfeirio at feirniadaeth lem Siôn Cent ar y pendefigion oherwydd eu hanghyfiawnderau a'u gormes ar y tlawd, gwyddai am ei feirniadaeth ar fath arbennig o glerigwyr ac o ffaeleddau'r Eglwys ei hun:

> Yr oedd [Siôn Cent] yn wr hên iawn yn marw; ydd oedd ev yn gweled y mawr lygredigaethau ag oeddent wedi ymlusgo i mewn i'r eglwys; ac yn dwyn ei dystiolaeth yn vawr yn eu herbyn; am hynny cyvfrivid ev yn un o'r Loleriaid.

Fel y sylwyd eisoes, ceir sôn yn y ffynonellau yr adeiladwyd y chwedl ar eu sail am feirdd, gwŷr dysgedig, clerigwyr, rhai yr honnid iddynt gael eu noddi gan John Scudamore ac, yn anad dim, rai a chanddynt gysylltiadau ag Owain Glyndŵr ei hun: cymeriadau hanesyddol a chwedlonol yw'r rhain a'u henwau yn amrywiadau ar yr elfennau John a Kent. Cam hawdd yn y proses hwn wedyn fuasai cyfuno'r amryw elfennau o hanes, chwedl a thyb, a'u tadogi ar y bardd canoloesol a adwaenid yn y traddodiad llawysgrifol Cymraeg fel John Kent, Siôn Cent neu Siôn y Cent. Ond y mae'n berthnasol nodi nid yn unig fod 'John Kent' a'i gyffelyb yn enw tra chyffredin yn Lloegr yn y bedwaredd ganrif ar ddeg a'r bymthegfed ganrif, ond ei fod hefyd yn enw a oedd yn hysbys ddigon trwy Gymru a'r gororau ar y pryd. Ymhlith yr enghreifftiau y gellid cyfeirio atynt ceir Thomas Kent, gŵr a fu'n fwrdais blaengar ym Miwmares ac yn un o feilïaid y fwrdeistref honno ym 1424-5 a 1454-5. Ym Mrycheiniog dygai disgynyddion Bleddyn ap Maenyrch arfbais teulu Morgan de Kent. Y mae'n bosibl mai mab i Forgan ap Maredudd o Gaerfyrddin a Chaint, gŵr a fu'n rhingyll dan arfau i Ddug Caerloyw, yn arfogwr de Cymru ym 1442, ac yn aelod seneddol wedyn dros Dover ym 1445-6 oedd y John Morgan of Kent y cyfeirir ato mewn ffynonellau herodrol fel 'a Kentish knight'.

Nid Siôn Cent, wrth gwrs, oedd yr unig un a drowyd yn

ffigur lledrithiol. Fel y nododd John Webster Spargo wrth ymdrin â'r chwedlau canoloesol am y bardd Lladin Vergil:

> [The Middle Ages were] a period when many reputed to have been of great learning had a way of turning into magicians. Galen, Hippocrates, Aristotle, Pythagoras, Plato, Horace, Gerbert, Albertus Magnus, St Thomas Aquinas, to mention no more, were thus suspected of dealing in the art of magic.

At y rhestr hon o wŷr dysgedig, rhaid ychwanegu enwau'r beirdd. Yn ystod yr Oesoedd Canol tybiai rhai nad oedd yr awen farddol, oherwydd ei tharddiad arallfydol, ond am y ffin â'r galluoedd goruwchnaturiol tywyll. Yng Nghymru, cael eu troi yn ddewiniaid fu hanes llawer bardd hanesyddol a chwedlonol, ac nid beirdd canoloesol yn unig, fel y gwelir o'r hanes adnabyddus a geir gan Robert Ellis ('Cynddelw') yng nghyfrol Isaac Foulkes, *Cymru Fu*, ynghylch y gwrthdaro a fu rhwng Edmwnd Prys a Huw Llwyd:

> Yr oeddynt ill dau, yn ôl chwedlau'r hen oesoedd, yn enwog am 'godi cythreuliaid', 'hud a lledrith', a phob arddangos. Un tro, ar ddygwyl ffair Maentwrog, yr oedd Huw Llwyd mewn tafarn yn yfed, a gwelodd yr Archddeon Prys yn cerdded yr heol; yna, rhoddodd ei ben allan trwy'r ffenestr, a galwodd arno i mewn i gael rhan o'r gyfeddach. Eithr ni fynnai'r gŵr eglwysig ymostwng i hynny, a digiodd yn hytrach wrth Huw Llwyd am ei hyfdra; a thrwy rym ei gêl-wyddoniaeth, parodd i ddau gorn eidion dyfu mewn munud, un o boptu pen Huw Llwyd, fel na allai dynnu ei siôl yn ôl o'r ffenestr; ac yno y bu efe, yn destun chwerthin i rai, a braw a dychryn mawr i'r lleill, nes y gwelodd Edmwnd Prys yn dda ei ryddhau. Pa fodd bynnag, yr oedd dydd gofwy Edmwnd Prys yn agos; oblegid wrth fyned adref y noson honno i'r Tyddyn Du, talwyd iddo yn ei arian ei hun. Yr oedd ganddo felin yn ymyl ei dŷ, a'r 'cafn

gwyllt', yr hwn oedd yn arwain y dwfr tros y ffordd i ben yr olwyn ddŵr, yn rhidwll; a'r funud yr oedd yr Archddeon yn myned o dan y cafn dyfrllyd hwnnw, dyna un neu ragor o gythreuliaid Huw Llwyd yn ymaflyd yn ei war, ac yn ei ddal dan y dyferion nes oedd yn wlyb drwyddo! Felly 'yr oedd y naill cystal â'r llall, ac yn well hefyd'.

Fel y nodwyd eisoes, y mae llawer o'r chwedlau sy'n nodweddiadol o'r straeon am Jack o' Kent wedi eu seilio ar ei berthynas anniffiniedig â'r diafol, ac nid peth diweddar yn nhwf y chwedl mo hyn. Ym 1594 llwyfannwyd drama boblogaidd o waith Anthony Munday, sef *John a Kent and John a Cumber*. Ymwneud y mae'r ddrama â helyntion deubar o gariadon ac ag ymryson rhwng y ddau ddewin hyn yn eu cylch. Y mae adleisiau Cymreig a Chymraeg diddorol iawn yn y ddrama hon. Enw un o'r cariadon yw Sidanen, sef enw barddol Cymraeg ar y Frenhines Elisabeth a ddaeth yn hysbys ddigon yng nghylchoedd llenyddol Llundain yn oes Munday. Ond o Gymru, ac nid o swydd Gaint, fel y gellid disgwyl, y daw John a Kent, fel y dywed y cymeriad 'Earl Pembroke' wrtho:

> Well John a Kent, wilt thou be ruled by me? Leave Wales, leave England, and be seen no more; this monstrous blemish, graven upon thy brow will be but grief to us, thy country men.

A phan lwydda John a Kent i gloi pyrth rhyw gastell trwy rym ei hud a'i ledrith, er gwaethaf ei allu fe'i ceir yn mynegi pryder y deuai un trech nag ef:

> The gate is fast, my lords, bound with such charms as very easily will not be undone. I hope the learnéd Owen Glenderwellin is not come hither, as in the lordes behalf, that are your rivals [sef 'Llywelyn' a 'Morton'].

O graffu ar yr enw 'Owen Glenderwellin' gan Munday, y mae'n rhesymol gofyn a ddyfeisiwyd ef ganddo ar sail cyfuniad o 'Glendower' a 'Llywelyn'. Cyfeiria Shakespeare yntau, wrth gwrs, at y chwedlau am alluoedd hudol Glyndŵr, ond tybed nad rhyw frith atgof neu adlais o'r traddodiad am gysylltiad tybiedig Siôn Cent ag Owain ei hun a geir yma? Beth bynnag am ofn John a Kent o rym tywyll yr 'Owen' hwnnw, y mae'n amlwg o'r hyn a ddywedir yn y ddrama fod ganddo yntau, fel Edmwnd Prys a Huw Llwyd ar ei ôl, fagad o gythreuliaid o'i blaid:

> Master John a Kent never goes abroad without a bushell of devilles about him, that if but one speak but an ill word of him he knows it by and by, and it is no more but send out one of these devilles, and where's the man then?

Tybed i ba raddau y cafodd Anthony Munday gyfle i fyfyrio ar bosibiliadau dramatig y chwedlau am Siôn Cent yn ystod ei arhosiad fel ysbïwr ar ran y Goron yn y *Collegium Anglorum* yn Rhufain yn saithdegau'r unfed ganrif ar bymtheg, lle yr oedd nifer o Gymry Cymraeg yn trigo? Hyd yn oed os nad felly y bu, nid dychymyg Munday a oedd i gyfrif am ymwneud y chwedl am John a Kent â Chymru ac â'r diafol. Ym 1645 daeth Richard Symonds, aelod o fyddin y brenin, i'r Grysmwnt. Ceir yn ei ddyddiadur ddisgrifiad o hen gerflun a welodd yno o 'John of Kent' a'r diafol, yn ogystal â stori ddifyr am berthynas Siôn â'i noddwr, sef rhyw 'Scudamore':

> Gresmond: in the east end of the church in the yard lyes a flat stone wheron is cut the statue of a priest called John of Kent, and the picture of the divelle. [A rude representation of the slab in question – the priest and satan, who is represented with long ears, a beak-shaped nose and cloven feet, face each other and each

> has his hand familiarly placed on the other's shoulders.] John of Kent's patron, Scudamore, was sued a very sudden day of appearence about ten of the clock at night to be there next morning at London. John gott a black horse and carried his patron to London at that time. At last John cosend the devil.

Yr oedd y cerflun a welodd Richard Symonds yn gyfuniad o'r holl brif elfennau chwedlonol: John Kent fel gŵr eglwysig; un a fu yng ngwasanaeth y Scudamoriaid; a chymeriad hefyd a fedrai 'cozen' – neu dwyllo – y diafol ei hun. Ceir hefyd chwedlau eraill ar sail motiff y ceffylau o Annwfn a oedd ym meddiant Siôn:

> It was said that Siôn Cent kept a stud of horses from the underworld. They were such swift coursers as to outstrip the wind. The stable where they were kept is still shown. Welsh folklore described him as going out hunting on Sundays, and forcing the peasantry to turn out with him. They came home jaded and miserable after a terrible ride on the unearthly steeds to places they had never before seen. On one occasion Siôn Cent left one of the fiery coursers in a wayside barn. There the horse remained for three weeks, and all attempts to dislodge him proved vain. At the end of that time, when Siôn Cent passed with his notorious steeds, the horse suddenly sprang from the barn, and, snorting and neighing, joined the uncanny stud.

A chrynhoi'r dystiolaeth ynghylch twf y chwedl ym Mynwy, Henffordd a'r gororau, y mae'r straeon hynaf am Jack o' Kent fel petaent yn ymwneud â chawr ellyllaidd (y gair Saesneg a arferir amdano yw 'troll'), sy'n neidio o fynydd i fynydd, fel y gwelir o'r chwedlau sy'n cysylltu Jack ag Ynysgynwraidd. Fe'i ceir yn taflu neu'n symud cerrig mawr o fan i fan, ac yn ymgystadlu â'r diafol mewn gwahanol fathau o gampau i weld pwy oedd y cryfaf. Nodir

5 Carreg Jack o' Kent, Huntsham, ger Gwydris (Goodrich), Y Rhosan ar Wy.

rhai o'r chwedlau hyn gan ymgais i esbonio enwau lleoedd, fel y dengys 'Jack of Kent's Stones' ger Tryleg, neu 'Jack o' Kent's Oven', ger y Grysmwnt. Yn achos y ddihareb y cyfeiriwyd ati eisoes, 'as great as the devil and John of Kent', yr oedd yr amrywiad 'great as the devil and the Earl of Kent' yn hysbys i Jonathan Swift. Ond pa 'iarll' o Gaint? Gogleisiol, a dim mwy na hynny, yw cael mai'r enw Saesneg arall ar feini Jack o' Kent yn Nhryleg yw 'Harold's Stones', a Harold Godwinson, a ddaeth yn 'iarll Caint' a olygir, yn ôl yr etymoleg lleol.

Erbyn cyrraedd yr ail haen yn nhwf y chwedl, y mae Jack o' Kent wedi peidio â bod yn gawr. Er gwaethaf ei alluoedd goruwchnaturiol, nid yw bellach ond gŵr o faint dynol. Daw hanfod y straeon a geir yn yr haen hon o Sgandinafia, ond ceir eu tebyg ledled Prydain ac Ewrop, ac mae rhai ohonynt hefyd i'w cael yn y cylch o chwedlau canoloesol a gysylltir â'r bardd Fyrsil yntau, megis motiff yr afal a nodwyd uchod. Yng nghasgliad Evan Jones, Ty'n Pant, Llanwrtyd, a gedwir bellach yn yr Amgueddfa Werin yn Sain Ffagan, ceir enghraifft o'r ymwneud hwn rhwng Jack o' Kent a'r diafol. Y mae'r chwedl yn adrodd hanes moch Siôn Cent a moch y Gŵr Drwg:

> Dywed hen draddodiad i Shôn Cent a'r Gŵr Drwg fyned i ffair i brynu moch, ac wedi llwyddo i brynu y nifer angenrheidiol, cychwynnwyd â hwynt tuag adref. Ar y ffordd, er mwyn i'r ddau brynwr adnabod ei foch ei hun, cytunasant â'u gilydd i Shôn droi ei fys yng nghynffonau ei eiddo ef, a dywedir mai breed moch Shôn Cent yw y rhai sydd â throell yn eu cynffonau, ac mai breed moch y Gŵr Drwg sydd â chynffonau slip ganddynt.

Thema arall sy'n ymddangos yn un o brif elfennau chwedlau'r ddwy iaith yw'r bargeinion a drawyd rhwng Siôn Cent, neu Jack o' Kent, a'r diafol; ac enaid Siôn yn bris y fargen. Cael ei draed yn rhydd yw ei hanes bob gafael, ond yn y straeon am ei farwolaeth, y mae hynny'n ddibynnol ar gymorth cyfaill, fel y dengys y stori Gymraeg a ddiogelwyd yn llawysgrif Peniarth 114, 110:

> Pan glybu Siôn Kent fod y cythrel yn arlwyo gwely iddo ef yn uffern, ef a barodd i'w gyfaill dwymmo pobty yn frwd, ac a aeth yntau i'r pobty i'w losgi ei hun, ac a ymwnaeth â'i gyfaill am ei dynnu ef allan drachefn a chymeryd ei galon ef a'i dodi hi heibio, a'i chadw hi rhag y gigfrain, y rhain a fynnen' ei chael hi i ffordd: ac yno y câi ef weled c'lomen yn hedeg uwchben y galon, a pheri iddo adel i'r glomen fyned i ffordd â'r galon, ac os y glomen a gymerai i ffordd y galon, fod ei enaid ef yn gadwedig; ag a ddoeth y glomen ag a gymerodd i ffordd y galon.

Mewn amrywiad ar y stori honno a glywyd yn ddiweddar ar lafar yn swydd Henffordd, proffwydodd Jack o' Kent y byddai colomen a chigfran yn brwydro am ei lygaid a'i iau uwchben tŵr eglwys y Grysmwnt ar ôl ei farw, ac wrth yr aderyn a orfu y deuai i wybod tynged ei enaid. Afraid ychwanegu mai'r golomen a welwyd wedyn yn hedfan allan o fedd Jack, a'r bedd hwnnw, fel y gŵyr pawb, o dan fur yr eglwys, heb fod o fewn cwmpas y tir cysegredig nac y tu allan iddo ychwaith. Dengys y chwedlau fod Siôn Cent/Jack o' Kent yn wir yn gymeriad trothwyol, yn un a rychwantai'r ffin rhwng y byd hwn ac Annwfn, ac nid oedd modd dweud i sicrwydd ai perthyn yr oedd i fyd gras neu luoedd y Fall. Yn y ffurf ddiweddaraf a gofnodwyd ar y chwedlau, ymddengys mai mynd yn llai fyth a wnaeth Jack o' Kent. Erbyn cyrraedd yr haen hon o'r chwedl, math o goblyn ydyw (fel a geir yn aml mewn chwedlau cytras o Sgandinafia), ellyll bach neu ysbryd sy'n byw yn y coed ac yn neidio allan yn ddirybudd i boenydio teithwyr. Yn ôl un adroddiad a gafwyd ar lafar, tan yn gymharol ddiweddar byddid yn dweud y drefn wrth blant Saesneg swydd Henffordd drwy fygwth Jack o' Kent arnynt.

Cyfeiriwyd eisoes at y posibilrwydd mai tebygrwydd enwau Siôn a rhai gwŷr eglwysig a fu'n byw yng nghyffiniau Llan-gain a roes fod i'r dyb mai clerigwr oedd Siôn Cent, a nodwyd y John de Kent hwnnw y dywedir iddo weinidogaethu yn Bromyard yn sail bosibl i'r cysylltiad tybiedig hwn. Efallai fod rhywfaint o ateg i'r ddamcaniaeth hon yn y ffaith mai â'r union ardal honno y mae cysylltu un o bregethwyr mwyaf y bedwaredd ganrif ar ddeg, sef John Bromyard ei hun, Brawd Du ac awdur *Summa Praedicantium* yr ystyrid ei gasgliad o *exempla* pregethwrol yn safonol hyd at y Diwygiad Protestannaidd. Ni raid meddwl yn nhermau damcaniaeth Saunders Lewis ynghylch Ysgol Rhydychen i gael y math o gefndir crefyddol, a'r math o her a ddaeth drwyddo, y gallasai Siôn Cent fod yn gyfarwydd ag ef:

Where are the evil princes of the world, the kings, earls and other lords of estates, who lived with pride and with great circumstance and equipage, who used to keep many hounds and a numerous and evil retinue, who possessed great palaces, many manors and broad lands with large rents, who nourished their own bodies in delicacies and the pleasures of gluttony and lust, who ruled their subjects harshly and cruelly to obtain the aforesaid luxuries, and fleeced them? Where, moreover, are the false wise men of the world, the judges, assessors, advocates, swearers and perjurers . . . who for bribes were wont to sell God and the kingdom of heaven, and purchase hell? Where, again, are the usurers, who used to make a penny out of a farthing, and from eleven pence make twelve . . . and the cruel executors who increased the sorrow of widows? Where are the wicked ecclesiastics, who showed the worst

6 Eglwys y Grysmwnt.
Dywedir i Jack o' Kent gael ei gladdu o dan fur yr eglwys.

example to the people; where are the haughty, where the envious, the lustful, the gluttonous? . . . You will find that, of all their riches, their delicacies and the rest, they have nothing; and the worms, as you will see, have their bodies . . . In place of scented baths, their body shall have a narrow pit in the earth; . . . instead of wives they shall have toads; instead of a great retinue and a throng of followers, their body shall have a throng of worms and their soul a throng of demons. Instead of large domain, it shall be an eternal prison-house, cramped for both. Instead of riches, poverty; instead of delights, punishment; instead of honour, misery and contempt; instead of laughter, weeping; instead of gluttony and drunkenness, hunger and thirst without end . . . and in place of the torment which for a time they inflicted on others, they shall have eternal torment.

Fel y nododd Gerald Owst, 'with such intensified horrors, and yet more, the fate of those who oppressed the poor was thus regularly depicted by the preachers, in the very presence of folk who had most reason to know the truth and justice of that indictment', a gellid dadlau y ceir yma rywfaint o dir cyffredin rhwng Siôn Cent y bardd a'r cylchoedd eglwysig y tybid iddo droi yn eu cylch. Onid yng nghenadwri Bromyard, a'i dylanwad amlwg, y ceir sail i thema a adleisir yn un o gerddi mwyaf Siôn Cent yntau, sef 'I Wagedd ac Oferedd y Byd'?

Mae'r tyrau teg? Mae'r tref tad?
Mae'r llysoedd aml? Mae'r lleisiad?
Mae'r tai cornogion? Mae'r tir?
Mae'r swyddau mawr, os haeddir?
Mae'r sew? Mae'r seigiau newydd?
Mae'r cig rhost? Mae'r cog a'u rhydd?
Mae'r gwin? Mae'r adar? Mae'r gwŷdd,
A gludwyd oll trwy'r gwledydd?
Mae'r feddgell deg? Mae'r gegin
Is law'r allt? Mae'r seler win?

Mae'r siwrnai i Loegr? Mae'r seirnial?
Mae'r beirdd teg? Mae'r byrddau tâl?
Mae'r cŵn addfwyn cynyddfawr?
Mae'r cadw eleirch? Mae'r meirch mawr?
Mae'r trwsiad aml? Mae'r trysor?
Mae'r da mawr ar dir a môr,
A'r neuadd goed newydd gau,
A'r plasoedd a'r palisau?
Diddim ydyw o dyddyn
Ond saith droedfedd, diwedd dyn.
Y corff a fu'n y porffor,
Mae mewn cist ym min y côr;
A'r enaid ni ŵyr yna,
Pŵl yw o ddysg, pa le ydd â.
Am y trawsedd a wneddyw
A'r camgredu tra fu fyw,
Rhywyr fydd yn y dydd du,
Od wyf ŵr, edifaru.

Llais adwaith rhai pregethwyr y cyfnod yn erbyn y gormes a fu ar y tlawd a'r gwan a geir gan John Bromyard, a chlywir adlais sicr o hynny hefyd yng ngherddi dilys Siôn Cent. A dyfynnu geiriau cofiadwy D. J. Bowen, 'yr hyn a gorddai Siôn Cent oedd gormes [y bendefigaeth] ar y tlawd a'r newynog . . . treiddiodd cri'r gorthrymedig a'r rhai o isel radd drwy gaerau'r Cywydd yn ei waith ef'. Fe'n temtir i gofio mai fel 'John of Kent', neu 'John, the mad priest of Kent' yr adwaenid pregethwr tanbaid gwrthryfel y werin ei hun, ac y mae modd gweld y themâu nodweddiadol hyn, a gynrychiolid gan ŵr enwog o'r union ardal y cysylltid Siôn Cent â hi, yn cael eu hamlygu yn ei gerddi ef.

Hanes, chwedl, tyb ac efallai gam-hunaniaeth hefyd: chwaraeodd y pethau hyn ran ffurfiannol yn y ffordd y daethpwyd i edrych ar Siôn Cent mewn cyfnod diweddarach. Gellid dadlau nad un Siôn Cent a fu, mewn gwirionedd, ond sawl un, a phob un ohonynt yn amlygu'r cyfoeth llên a llafar a drysorwyd ac a drosglwyddwyd yng nghof ein cenedl.

DARLLEN PELLACH

D. J. Bowen, 'Siôn Cent a'r ysgwieriaid', *Llên Cymru*, 21 (1998).

M. Paul Bryant-Quinn, *Apocryffa Siôn Cent* (Aberystwyth, 2004).

Katharine M. Briggs, *A Dictionary of British Folk-Tales in the English Language* (Llundain, 1971).

Ella M. Leather, *The Folklore and Witchcraft of Herefordshire* (Penzance, 2001).

F. G. Levett, 'The Story of Skenfrith, Grosmont and St. Maughans with excursions to Llangattock-Vibon-Avel and Llanrothal' Section 3 (cyfrol anghyhoeddedig, Llyfrgell Trefynwy, 1984).

Saunders Lewis, 'Siôn Cent', yn Gwynn ap Gwilym (gol.), *Meistri a'u Crefft* (Caerdydd, 1981).

Gerald Owst, *Preaching in Medieval England* (Caer-grawnt, 1926).

G. E. Ruddock, 'Siôn Cent' yn A.O.H. Jarman a Gwilym Rees Hughes (goln.), *A Guide to Welsh Literature 1282–c.1550 Volume II* (Caerdydd, 1997).

Jacqueline Simpson, *Folklore of the Welsh Border* (Stroud, 2003).

Gwyn Thomas, 'Siôn Cent a Noethni'r Enaid', yn idem, *Gair am Air: Ystyriaethau ar Faterion Llenyddol* (Caerdydd, 2000).

POLIDOR VERGIL, SYR JOHN PRISE AC URDDAS Y CYMRY

Ceri Davies

Gwreiddyn dysg, arwyddion da,
Od oes gwaith dysg er Adda.
Cronicl a phob carennydd,
Cofwys wyd o'r cyfa sydd.
Siglo ni châi dwysowglys,
Siars yn parhau Syr Siôn Prys.

Gruffudd Hiraethog

Yn hwyr y dydd ar 7 Awst 1485, ar ôl mordaith a barhaodd am ymron wythnos o borthladd Harfleur yn Ffrainc, glaniodd Harri Tudur a'i ddilynwyr ar draeth ar Benrhyn Dale wrth aber afonydd Cleddau. Yng Nghastell Penfro y cawsai Harri ei eni, a diau bod arwyddocâd symbolaidd yn ogystal â rhesymau strategol dros gychwyn yr ymdaith, a'i dug i Bosworth, yn ei fro enedigol. Ychydig dros bythefnos yn ddiweddarach trechwyd Rhisiart III ar faes y gad a hawliwyd teyrnas Loegr gan Harri. Erbyn dechrau Medi yr oedd y buddugwr wedi cyrraedd Llundain, a'r mis dilynol fe'i coronwyd yn frenin, Harri VII. Yr oedd yr oes Duduraidd wedi gwawrio.

I lu o Gymry, etifeddion y dyheadau gwladgarol – a'r siomedigaethau hefyd – a brofodd eu hynafiaid yng nghyswllt ymgyrch Owain Lawgoch yn niwedd y bedwaredd ganrif ar ddeg a gwrthryfel Owain Glyndŵr yn nechrau'r bymthegfed ganrif, yr oedd llwyddiant Harri VII yn destun llawenydd ac ymffrost mawr. Yr oedd gan lawer ohonynt gydymdeimlad gwleidyddol ag achos y Lancastriaid, ond i'r mwyafrif y peth pwysicaf ynglŷn â Harri oedd ei fod, trwy ei dad Edmwnd a'i daid Owain ap Maredudd (a ymbriodasai'n ddirgel â Catherine o Valois, gweddw'r Brenin Harri V), yn un o ddisgynyddion niferus Ednyfed Fychan, canghellor Gwynedd yn oes Llywelyn ab Iorwerth, ac yn perthyn i ach teulu Penmynydd, Môn.

Yng ngolwg y Cymry, yn feirdd ac yn wleidyddion, yr oedd arwyddocâd pellach i'r ffaith fod Harri yn perthyn i linach a oedd mor ddigamsyniol Gymreig. Un o'r llyfrau mwyaf poblogaidd ym Mhrydain, ers ei gyfansoddi yn hanner cyntaf y ddeuddegfed ganrif, oedd *Historia Regum Britanniae* ('Hanes Brenhinoedd Prydain') gan y clerigwr dysgedig Sieffre o Fynwy. Yn Rhydychen, rhagor unrhyw le arall, y gweithiai Sieffre yn nyddiau ei aeddfedrwydd, ond y mae'r ychwanegiad 'Monemutensis' ('o Fynwy') at ei enw –

7 Harri Tudur (1457–1509): engrafiad gan John Payne.

ychwanegiad a arddelid ganddo ef ei hun – yn arwydd fod gan yr awdur Eingl-Normanaidd hwn gysylltiad â Chymru hefyd. Yn Lladin, wrth gwrs, y cyfansoddodd Sieffre yr *Historia*, a'i lyfr ef yw'r gwaith Lladin mwyaf dylanwadol o ddigon i'w gyfansoddi gan ŵr llên o Gymru. Honnai Sieffre mai cyfieithiad oedd y gwaith, wedi ei drosi, meddai, 'o lyfr hynafol yn yr iaith Frytanaidd'. Mewn gwirionedd, cyfansoddiad bwriadus, a gwreiddiol dros ben, yw'r *Historia*. Wrth adrodd stori y rhai a fu'n teyrnasu ar ynys Brydain, o ddyddiau dyfodiad Brutus hyd at farw Cadwaladr Fendigaid, tynnir ar lu o ffynonellau i greu ffug-hanes sy'n cyfuno'r gwir a'r gau gyda deheurwydd anghyffredin. Rhoddir i'r Brytaniaid – drwy Brutus, gor-ŵyr (meddir) i Aeneas o Gaerdroea – dras i'w gymharu â'r un a roddir i'r Rhufeiniaid yn *Aeneid* y bardd clasurol Fyrsil. Y mae'r stori'n mynd ymlaen i sôn am lwyddiannau a mynych fethiannau'r genedl, ei goresgyn gan y Rhufeiniaid ac ymosod arni gan y Sacsoniaid. Caiff Myrddin a'i ddaroganau le pwysig. I Arthur a'i deyrnasiad ef y rhydd Sieffre y gofod pennaf. Ond, ar ôl colli Arthur, ymadawodd y gogoniant a thynhau a wnaeth gafael y Sacsoniaid ar Brydain. Bu rhyw gymaint o adfer pethau dan Gadwallon, ond rhybuddiwyd ei fab, Cadwaladr, i beidio â cheisio ennill y deyrnas yn ôl, a chyda'i farw ef yn Rhufain daeth diwedd ar reolaeth y Brytaniaid ar yr ynys. 'Ac o hynny allan ni elwid hwynt yn Frytaniaid, namyn yn Gymry (*Gualenses*). Ac o hynny allan y gwnaeth y Saeson yn gall ac yn ddoeth . . . Ac felly y bwriasant arglwyddiaeth y Brytaniaid oddi arnynt, a hwynt eu hunain yn meddu holl Loegr.'

Cafodd *Historia* Sieffre, a'r darlun apelgar a oedd ynddo o hen hanes Prydain, ddylanwad aruthrol. Yn ddiymdroi, yn oes Sieffre ei hun yr oedd i'r gwaith ran bwysig mewn creu ar gyfer Prydain ymwybyddiaeth o orffennol anrhydeddus y gallai'r concwerwyr Normanaidd ymhyfrydu ynddo. Ar gyfandir Ewrop, hefyd, bu apêl yr *Historia* yn ddifesur: nid oes ond angen cyfeirio at y corff enfawr ac amrywiol o lên Arthuraidd a ysbrydolwyd ganddo. Am y Cymry, yr oedd i lyfr Sieffre le unigryw yn eu calonnau hwy, ac fe'i cyflwynwyd iddynt mewn fersiynau Cymraeg, *Brut y Brenhinedd*, a'i gopïo ddegau o weithiau. (Y mae'r dyfyniad ar ddiwedd y paragraff olaf uchod yn ddiweddariad o destun un o'r fersiynau hynny, *Brut Dingestow.*) Fel y dywed Brynley F. Roberts yn un o'i ysgrifau niferus a golau ar le gwaith Sieffre yng Nghymru, 'llyfr braint y Brytaniaid oedd yr *Historia* ac elfen bwysig yn yr ymwybyddiaeth Gymreig'. Cydiodd y Cymry, yn enwedig ar ôl cwymp Llywelyn ap Gruffudd ym 1282, mewn addewid – a lefarwyd (meddai Sieffre) gan lais angel wrth Gadwaladr – y deuai dydd pan fyddai llywodraeth yr ynys yn cael ei hadfer i'r Brytaniaid. Bu'r gair hwnnw yn sail i lawer o'r canu brud a'r daroganu gwleidyddol a ffynnodd drwy'r bedwaredd ganrif ar ddeg a'r bymthegfed ganrif. A chafodd y cyfan hwb anghyffredin yn sgil goruchafiaeth Harri Tudur ar Faes Bosworth. Dyma'r 'mab darogan' wedi cyrraedd ym mherson un o ddisgynyddion Owain Tudur. Dyma gyflawni'r addewid y byddai'r Brytaniaid yn adennill y deyrnas. Y mae Lewys Glyn Cothi, ar ddiwedd oes o farddoni, yn crynhoi llawenydd y Cymry mewn awdl foliant i Harri:

> Efô yw'r ateg hir o Frutus
> ef wedy Selyf o waed Silius,
> o ddynion Troea, lwyddiannus – fonedd,
> ac o ais Gwynedd ac Asganius.

Pa ryfedd fod bri arbennig ar *Historia* Sieffre yng Nghymru.

Y mae'n sicr fod Harri Tudur yntau yn ddigon ymwybodol o arwyddocâd ei gysylltiadau Cymreig ac o bwysigrwydd y delweddau a gysylltid â gwaith Sieffre o Fynwy. Nid yw hynny'n syndod, yn enwedig o gofio iddo dreulio cyfran sylweddol o'i fachgendod yng Nghastell Rhaglan gyda theulu William Herbert, un o achleswyr mawr y traddodiad barddol Cymraeg a'r cyfan a oedd ynghlwm wrtho. Meddai Glanmor Williams, wrth danlinellu pwysigrwydd y cyfnod hwnnw ym mhrofiad Harri, 'byddai'r beirdd cyfoes yn fynych iawn yn chwarae rhan holl-bwysig yn addysg bechgyn yr uchelwyr, ac mae'n gwbl bosibl y cafodd Harri Tudur ei addysgu ganddynt yn hanes a diwylliant Cymru'. Chwifiai Draig Goch Cadwaladr ar un o'i lumanau ym Mrwydr Bosworth, ac yr oedd y lluman hwnnw ymhlith y baneri a gyflwynwyd yn ddiweddarach yng Nghadeirlan Sant Pawl yn Llundain. Pan aned eu mab hynaf i Harri a'i wraig Elisabeth, merch Edward IV, ym 1486, beth a allai fod yn fwy priodol na'i fod yn cael yr enw 'Arthur'? Ac yn sicr gwobrwywyd llawer o Gymry blaengar am eu cefnogaeth i achos y brenin newydd.

Wrth gwrs, ni ddylid meddwl bod Harri Tudur yn

ymboeni am Gymru i'r un graddau ag yr oedd y propagandwyr yng Nghymru, sef y beirdd, am fanteisio arno ef a'i dra-dyrchafu i fod yr 'un a'n rhoes ninnau'n rhydd' (chwedl Siôn Tudur yn ddiweddarach). Brenin Lloegr oedd Harri wedi'r cyfan, ac ar gyfannu'r deyrnas a'i chadw mewn trefn yr oedd ei fryd. Cyn belled ag yr oedd cyflwyno delwedd dderbyniol ohono ef ei hun a'i lywodraeth yn y cwestiwn, yr oedd ei orwelion yn ehangach o gryn dipyn na rhai'r beirdd Cymraeg. Ar gyfer ei lys comisiynodd weithiau celf a phasiantau i ddathlu ei deyrnasiad, ac yr oedd awduron megis Bernard André (y cyntaf i'w benodi'n swyddogol gan un o frenhinoedd Lloegr yn 'Fardd y Brenin') a John Skelton yn rhan o beiriant dathlu a chyfreithloni'r frenhinlin newydd. A chyda golwg ar osod y Tuduriaid yn gadarn yn eu cyd-destun hanesyddol, daeth cyfle i ran Harri yn gynnar yn yr unfed ganrif ar bymtheg i feithrin doniau un a chanddo'r potensial i fod yn lladmerydd Ewropeaidd nid yn unig i'w deyrnasiad ef ond hefyd i holl hanes Lloegr yn y canrifoedd o'r blaen. Y gŵr hwnnw oedd yr hanesydd dyneiddiol o'r Eidal, Polidoro Vergilio: Polidor (neu Polydore) Vergil, fel yr adwaenir ef fynychaf ym Mhrydain.

Brodor o Urbino, man geni yr artist Raphael a lle a ddatblygodd – dan y Dug Federigo da Montefeltro – i fod yn un o brif ganolfannau dyneiddiaeth gogledd yr Eidal, oedd Polidor Vergil (*c.*1470–*c.*1555). Daeth i Loegr gyntaf ym 1502 yn aelod o staff ei noddwr Adriano de Castello, a gawsai ei benodi'n Esgob Henffordd ac a oedd i'w ddyrchafu'n Gardinal ym 1503. Cyfrifoldeb arbennig Polidor oedd gweithredu fel dirprwy i Castello yn ei swyddogaeth fel casglwr y dreth eglwysig, Ceiniogau Pedr (*Peter's Pence*). Yr oedd gyrfa diplomat eglwysig yn ymagor o'i flaen, a daeth dyrchafiadau pellach o fewn i'r Eglwys i'w ran yn fuan ar ôl cyrraedd Lloegr. Ym 1507, er enghraifft, cafodd Polidor brebend yn eglwysi cadeiriol Lincoln a Henffordd; y flwyddyn ganlynol gwnaed ef yn archddiacon Wells. Ond y peth mawr ynglŷn â Polidor oedd ei fod yn un a oedd wedi drachtio'n helaeth o ffrydiau'r Dadeni Dysg, fel y gellid disgwyl gan un a aned i deulu diwylliedig yn Urbino yn ail hanner y bymthegfed ganrif. Cyn gadael yr Eidal am Loegr yr oedd eisoes wedi cyhoeddi, yn Fenis ym 1498, gasgliad o ddiarhebion (*Proverbiorum Liber*) wedi eu tynnu o'r clasuron Groeg a Lladin, ynghyd â sylwadau byrion ar y diarhebion hynny. Dyna achub y blaen, o ddwy flynedd, ar argraffiad cyntaf Erasmus o'i gasgliad enwog ef o ddiarhebion, yr *Adagia*. Yna, ym 1499 cyhoeddodd Polidor, mewn tri llyfr, *De Inventoribus Rerum*, 'Ar Gychwynwyr Pethau'. Gwaith eithriadol o ddysgedig oedd hwn, math o wyddoniadur (neu '*Who Was Who*') yn cyflwyno sylfaenwyr neu ddyfeiswyr (*inventores*) y gwahanol gelfyddydau a gwyddorau, y rhai a roes gychwyn i sefydliadau cymdeithas wâr. Yr oedd *De Inventoribus Rerum* yn seiliedig ar ddarllen rhyfeddol o eang yng ngweithiau'r awduron clasurol Groeg a Lladin, yng ngweithiau'r Tadau Eglwysig, a hefyd yng ngwaith awduron canoloesol a chyfoes.

Dyna felly'r dyn a gyrhaeddodd Loegr yn nechrau'r unfed ganrif ar bymtheg, un o ddysgedigion dyneiddiol yr Eidal. Daeth i gyswllt agos â rhai o brif ddyneiddwyr Lloegr, yn bennaf oll Thomas More. Yr oedd Desiderius Erasmus, y dyneiddiwr mawr o'r Iseldiroedd, ar ymweliadau cyson â Lloegr yn ystod y blynyddoedd hynny, ac y mae Polidor yn ei restru yntau ymhlith ei gyfeillion. Buan y daeth i sylw'r brenin, Harri VII, a thua 1506 fe'i gwahoddwyd ganddo i ysgrifennu hanes Lloegr. Wrth gyflwyno argraffiad newydd o *De Inventoribus Rerum* i'w frawd Giovanni-Matteo Vergil, ym 1518, meddai Polidor:

> Yno [sef yn Lloegr] rhag imi wastraffu fy amser, ac ar gais Harri VII, bûm yn ysgrifennu am weithredoedd ei bobl ac yn cynhyrchu gwaith hanesyddol: yr wyf – Duw a ŵyr – wedi bod wrth y gwaith hwnnw ers deuddeng mlynedd, ac y mae o hyd heb ei orffen.

Y dasg fawr a osododd Polidor iddo'i hun oedd cyfansoddi hanes Lloegr o'r dechreuadau hyd y presennol, a'i ysgrifennu, sylwer, yn Lladin, fel bod y gwaith yn dod yn rhan o *respublica litteraria* Ewrop, a'r wybodaeth a gynhwysid ynddo yn cael ei chyflwyno i ddynion o ddysg ar y Cyfandir yn ogystal ag ym Mhrydain. Wrth ysgrifennu hanes 'cenedlaethol' o'r fath yn Lladin yr oedd Polidor yn gweithredu yn yr un modd â haneswyr dyneiddiol eraill o'r Eidal, rhai fel Paolo Emilio a ysgrifennodd hanes Ffrainc ar gyfer y Brenin Louis XII, ac Antonio Bonfini a ysgrifennodd hanes y Magyariaid ar gais Matthias Corvinus, brenin Hwngari. Cymerodd ddegawdau i Polidor gwblhau ei waith, ond ym 1534 (dan Harri VIII erbyn hynny) ymddangosodd argraffiad cyntaf yr *Anglica Historia*, yn adrodd hanes Lloegr hyd 1509; yna ail argraffiad ym 1546; ac ym 1555 (blwyddyn marw Polidor, y mae'n dra thebyg) y trydydd argraffiad, yn estyn yr hanes hyd 1538. Ar y Cyfandir, yn Basel, y printiwyd y tri argraffiad. Wrth ddirwyn cynnwys yr argraffiadau cynharaf i ben ym 1509 yr oedd Polidor, wrth gwrs, yn diweddu gyda marw Harri VII, ac y mae lle pwysig yn cael ei roi yn yr hanes i'w deyrnasiad ef ac i ddadlau cyfreithlondeb ei hawl ar y Goron. Ceir gan Polidor ddisgrifiad byw o'r brenin, ac y mae'n amlwg fod hynny wedi ei seilio ar adnabyddiaeth bersonol. Meddai, wrth gofio amdano'i hun yn dod am y tro cyntaf i Loegr yng ngosgordd Adriano de Castello: 'fe'm derbyniwyd yn gwrtais iawn (*perbenigne*) gan y Brenin Harri, a phob amser ar ôl hynny cawn fy nhrin yn garedig (*humaniter*) ganddo'. Nod Polidor oedd bod mor gytbwys a diduedd ag y gallai wrth gyfansoddi ei waith; ei obaith, meddai wrth y Brenin Harri VIII (mewn anerchiad a welir mewn llawysgrif a gadwyd yn Llyfrgell y Fatican), oedd y byddai o fantais iddo ei fod yn ysgrifennu fel Eidalwr ac yn adrodd popeth yn onest.

Wrth drafod hanes Lloegr ar ôl y Goncwest Normanaidd, arfer Polidor oedd dilyn patrwm bywgraffyddol, gan seilio'r

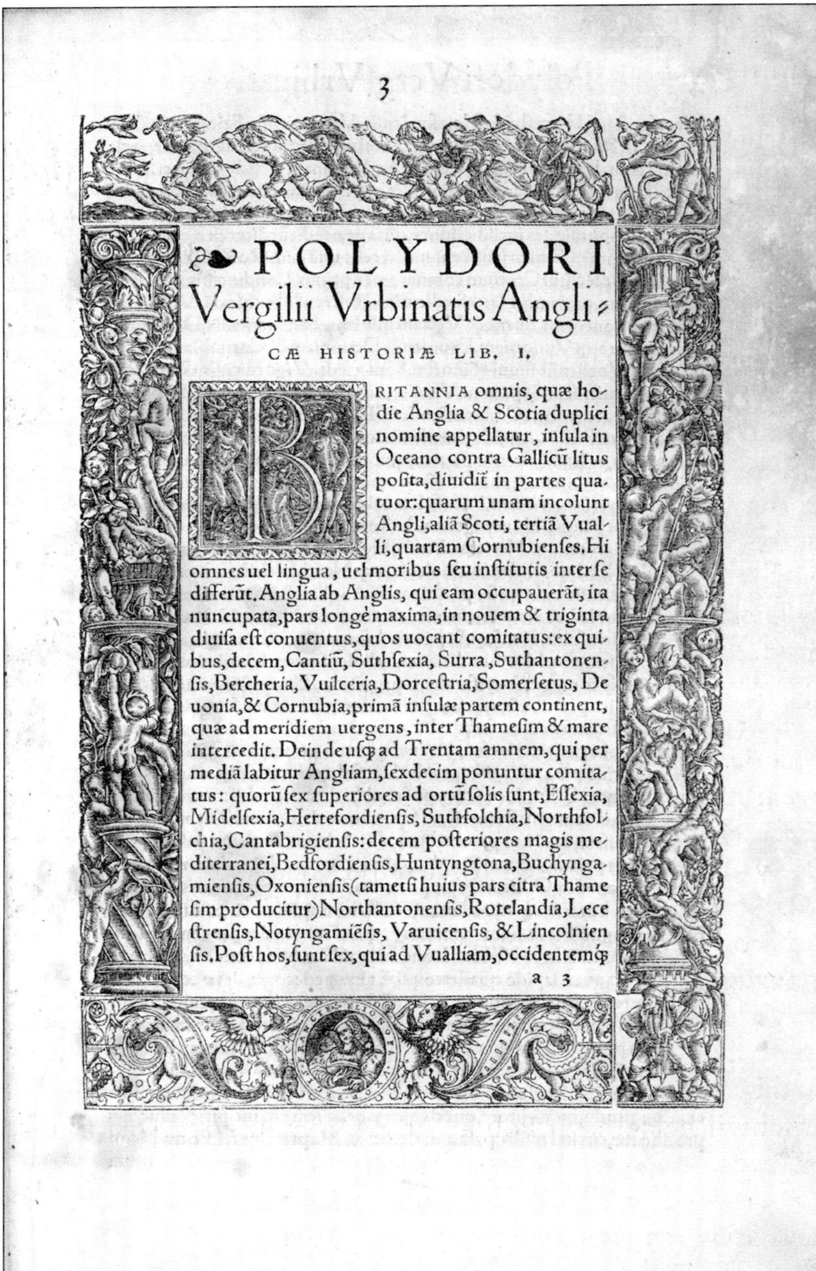

3

POLYDORI Vergilii Vrbinatis Anglicæ HISTORIÆ LIB. I.

BRITANNIA omnis, quæ hodie Anglia & Scotia duplici nomine appellatur, inſula in Oceano contra Gallicũ litus poſita, diuidit̃ in partes quatuor: quarum unam incolunt Angli, aliã Scoti, tertiã Vualli, quartam Cornubienſes. Hi omnes uel lingua, uel moribus ſeu inſtitutis inter ſe differũt. Anglia ab Anglis, qui eam occupauerãt, ita nuncupata, pars longè maxima, in nouem & triginta diuiſa eſt conuentus, quos uocant comitatus: ex quibus, decem, Cantiũ, Suthſexia, Surra, Suthantonenſis, Bercheria, Vuilceria, Dorceſtria, Somerſetus, Deuonia, & Cornubia, primã inſulæ partem continent, quæ ad meridiem uergens, inter Thameſim & mare intercedit. Deinde uſq; ad Trentam amnem, qui per mediã labitur Angliam, ſexdecim ponuntur comitatus: quorũ ſex ſuperiores ad ortũ ſolis ſunt, Eſſexia, Midelſexia, Hertefordienſis, Suthfolchia, Northfolchia, Cantabrigienſis: decem poſteriores magis mediterranei, Bedfordienſis, Huntyngtona, Buchyngamienſis, Oxonienſis (tametſi huius pars citra Thameſim producitur) Northantonenſis, Rotelandia, Leceſtrenſis, Notyngamiẽſis, Varuicenſis, & Lincolnienſis. Poſt hos, ſunt ſex, qui ad Vualliam, occidentemq;

a 3

8 Wynebddalen *Anglica Historia* (argraffiad 1555) Polidor Vergil.

gwaith (efallai dan ddylanwad *De Vita Caesarum* yr awdur Rhufeinig Suetonius) ar ymdriniaeth â bywyd a theyrnasiad pob brenin yn ei dro. Cyn hynny, fodd bynnag, ceir ganddo wyth llyfr sy'n cyflwyno daearyddiaeth a hanes y wlad cyn 1066. Yn y llyfrau cyntaf, wrth geisio deall dechreuadau hanes Lloegr, troes Polidor – yn rhesymol ddigon – i bwyso a mesur y gwaith yr oedd pawb ymron yn ei ystyried yn gonglfaen i'r hanes hwnnw, sef *Historia* Sieffre. Ac fe'i cafodd yn brin, am ddau reswm yn arbennig. Yn y lle cyntaf, dadl Polidor oedd na cheid unrhyw gadarnhad i lawer o gynnwys yr *Historia* yng ngwaith y prif awdurdodau, yn enwedig yr haneswyr clasurol. Os oedd yr hanes am Brutus yn wir, paham na cheid sôn amdano yng ngwaith Cesar a Livius, Tacitus a Dionysius o Halicarnassus ac eraill? Ail wrthwynebiad Polidor oedd na cheid yng ngwaith y croniclwyr a'r haneswyr Prydeinig mwyaf dibynadwy – Beda, er enghraifft – ddim i ategu rhai o brif themâu Sieffre. Ar gyfer hanes Prydain yn ystod y ganrif a hanner ar ôl ymadawiad y Rhufeiniaid o'r ynys, sef yr union gyfnod y cododd Arthur tua'i ddiwedd, awdur a ddaliodd sylw Polidor yn arbennig oedd Gildas. Cafodd afael ar ddwy lawysgrif o *De Excidio Britanniae* Gildas (Llsgr. Cotton Vitellius A.VI, yn y Llyfrgell Brydeinig heddiw, oedd un ohonynt), a sylweddoli mor bwysig oedd y gwaith. Fe'i golygodd, ac yn Antwerp ym 1525 cyhoeddwyd argraffiad o'r gwaith, y golygiad beirniadol cyntaf o waith Gildas i'w brintio. Ond pwysleisiau gwahanol iawn i'r rhai yn *Historia* Sieffre a geir gan Gildas. Yn fwy na dim, ni cheir ganddo unrhyw sôn am Arthur. Yr oedd golygu gwaith Gildas, wrth gwrs, yn rhan o ymchwil helaethach Polidor ar gyfer yr *Anglica Historia.* A phan ddaw i drafod Arthur yno, nid oes ganddo fawr ddim i'w ddweud amdano, dim ond mai cymeriad chwedlonol, lled-ddychmygol, ydoedd (tebyg i Rolant yn chwedlau Siarlymaen), ac mai ffals oedd honiadau megis mai ei feddrod ef a welid yn Abaty Ynys Wydrin (Glastonbury).

Nid Polidor Vergil oedd y cyntaf i godi amheuon ynglŷn â dilysrwydd *Historia* Sieffre o Fynwy. Yn y ddeuddegfed ganrif yr oedd William o Newburgh (y gŵr a alwai Theophilus Evans, ganrifoedd yn ddiweddarach, yn 'Gwilym Bach') wedi bod yn feirniadol iawn o rai o honiadau Sieffre, yn arbennig o'u cymharu â'r dystiolaeth a geid yng ngwaith Beda ac awdurdodau tebyg. Yr oedd amheuwyr eraill, megis Alfred o Beverley a hefyd Gerallt o Gymru, a chododd rhagor o sgeptigiaid yn y canrifoedd dilynol. Ond gan Polidor y cafwyd, yn gwrtais ddigon, yr ymosodiad mwyaf systematig ar hygrededd Sieffre, a'i wneud (os gwelwch chi'n dda) yng nghysgod nawdd y 'mab darogan' ei hun, y Brenin Harri Tudur, a'i fab Harri VIII. Cythruddwyd llawer gan ymosodiad Polidor, 'that most rascall dogge knave in the worlde', yn ôl un o'i feirniaid. Ymhlith y cyntaf i ymateb mewn ysgrifen oedd yr hynafiaethydd John Leland, yntau hefyd yn un o noddedigion Harri VIII. Mor gynnar â 1536, sef dwy flynedd yn unig ar ôl i argraffiad cyntaf yr *Anglica Historia* ymddangos, cyfansoddodd Leland bamffledyn yn amddiffyn Sieffre yn erbyn honiadau Polidor. Ni chyhoeddwyd y pamffledyn hwnnw ar y pryd, ond wyth mlynedd yn ddiweddarach, ym 1544, daeth ymhelaethiad ohono o'r wasg, llyfryn deugain tudalen yn dwyn y teitl *Assertio inclytissimi Arturii Regis Britanniae* ('The Assertion of King Arthure', fel y'i galwyd mewn cyfieithiad Saesneg a ymddangosodd cyn diwedd yr unfed ganrif ar bymtheg). Fel y gwelir, yr ymosodiad ar y deunydd Arthuraidd yng ngwaith Sieffre a gythruddodd Leland fwyaf, ac y mae'n tynnu llawer ar dystiolaeth ei deithiau yn ymweld â safleoedd hanesyddol yn Lloegr a Chymru i ategu ei ddadl yn erbyn Polidor.

Gan ŵr o Gymro, fodd bynnag, y cafwyd yr ymgais gynnar fwyaf cynhwysfawr, a'r fwyaf cytbwys hefyd, i ateb honiadau Polidor ac i amddiffyn y traddodiad Sieffreaidd. Syr John Prise (*c.*1502–55) – *alias* Siôn ap Rhys, neu Siôn Prys – oedd y gŵr

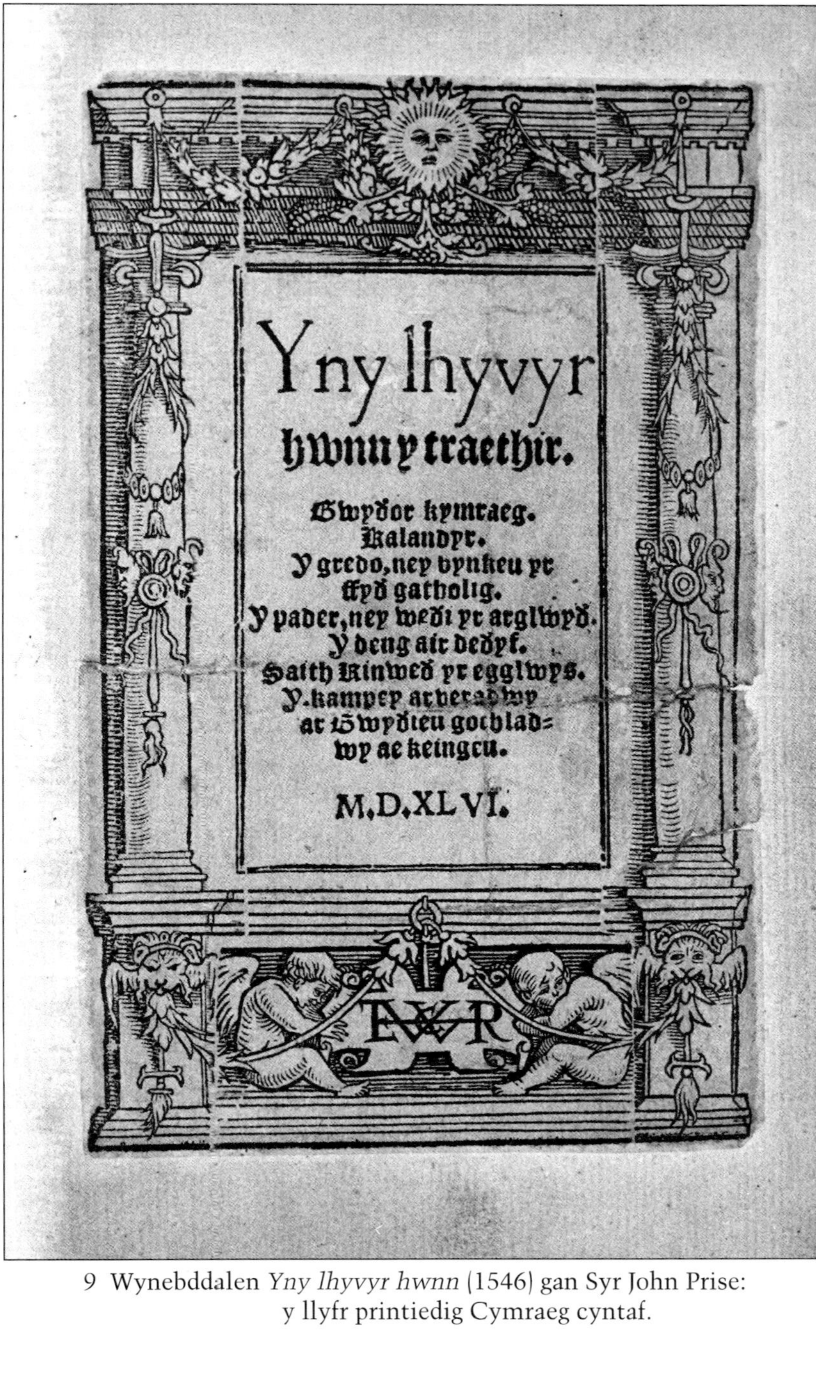

Yny lhyvyr
hwnn y traethir.

Gwyðor kymraeg.
Kalandyr.
Y gredo, ney bynkeu yr
ffyð gatholig.
Y pader, ney weði yr arglwyð.
Y deng air deðyf.
Saith Rinweð yr egglwys.
Y.kampey arveradwy
ar Gwydieu gochlad=
wy ae keingeu.

M.D.XLVI.

9 Wynebddalen *Yny lhyvyr hwnn* (1546) gan Syr John Prise:
y llyfr printiedig Cymraeg cyntaf.

hwnnw, un o'r pwysicaf o Gymry'r cyfnod modern cynnar, er efallai nad yw ei enw mor gyfarwydd heddiw ag enwau rhai o'i gyfoeswyr. Byddai iddo le arbennig a diogel yn hanes Cymru pe na bai wedi cyflawni dim ond un orchest yn unig, sef bod yn gyfrifol am y llyfr cyntaf i'w brintio yn y Gymraeg, *Yny lhyvyr hwnn* (1546). Ond y mae John Prise yn ffigur amlweddog a chwaraeodd ran dra arwyddocaol mewn gwleidyddiaeth a gweinyddiaeth wladol yng nghanol yr unfed ganrif ar bymtheg, yn ogystal â bod yn ysgolhaig dyneiddiol o bwys. Brodor o Frycheiniog ydoedd, o gylch tref Aberhonddu. Yr oedd ei dad, Rhys ap Gwilym, yn olrhain ei ach yn ôl dros genedlaethau at un o gyndadau mwyaf urddasol Brycheiniog, sef Bleddyn ap Maenyrch (yn yr unfed ganrif ar ddeg). Un aelod o'r teulu, yn y bymthegfed ganrif, oedd y bardd Hywel Dafi, gŵr y mae traddodiad amdano ei fod yn awdur gwaith ar hanes Prydain (yn Lladin) ac ar hanes Cymru (yn Gymraeg). Cafodd John Prise, yntau, gyfle ar addysg a aeth ag ef i Rydychen, ac yna i un o Ysbytai'r Brawdlys yn Llundain. Fe'i hyfforddwyd fel cyfreithiwr, ac ar ddiwedd ei gwrs yr oedd yn barod i ddechrau ar yrfa ddisglair fel gweinyddwr. Cyn bo hir daeth i sylw neb llai na Thomas Cromwell. Yng nghanol tridegau'r unfed ganrif ar bymtheg prin fod neb mwy grymus na Cromwell dan Harri VIII, ac ym 1534 priododd John Prise â Johan Williamson, nith i Cromwell. Drwy nawdd Thomas Cromwell daeth nifer o gyfrifoldebau i ran John Prise, ond y mwyaf arwyddocaol – ac efallai gyda'r mwyaf amheus, i'n golwg ni heddiw – oedd iddo gael ei benodi yn un o'r rhai a fu'n ymweld â'r mynachlogydd ar gyfer eu diddymu. Ym 1535 bu ar berwyl felly mewn abatai fel Malmesbury a Lacock, Westminster, Caer-grawnt ac Ely. Erbyn 1537 yr oedd yn gomisiynydd ar gyfer derbyn meddiannau a thiroedd y mynachlogydd, ac ym 1539 chwaraeodd ran yn nhrosglwyddo eiddo llawer o brif fynachlogydd gorllewin Lloegr, o Fryste hyd Evesham. Ac fe'i gwobrwywyd am ei drafferth. Ym 1537 sicrhaodd iddo'i hun brydles Priordy Sant Ioan yr Efengylydd yn Aberhonddu. Cell o Abaty Benedictaidd Battle, yn swydd Sussex, oedd Priordy Sant Ioan. Eglwys y Priordy yw Eglwys Gadeiriol Esgobaeth Abertawe ac Aberhonddu heddiw. Yno, yn y clas, gwelir yr adeiladau, y Deondy tan yn ddiweddar, lle'r oedd Tŷ'r Prior. Câi'r tŷ hwnnw ei adnabod am amser maith wrth enw John Prise.

Nid Priordy Aberhonddu oedd yr unig adeilad i Prise fanteisio arno yn sgil diddymu'r tai crefydd. Yn ddiweddarach prynodd brydles Priordy St Guthlac, yn Henffordd, ac yno yr ymgartrefodd o tua 1540 ymlaen. Erbyn hynny yr oedd datblygiad o bwys mawr wedi digwydd yn hanes Cymru, sef pasio Deddf Uno 1536, ac yr oedd John Prise (y mae'n dra thebyg) yn un o brif gynghorwyr y Brenin a Thomas Cromwell ynglŷn â'r mater hwnnw. Ym 1540, hefyd, bu digwyddiad gwleidyddol arall o bwys, sef cwymp Thomas Cromwell, a'i ddienyddio ym mis Gorffennaf yr un flwyddyn. Ond ni tharfodd hynny ddim ar yrfa'r *protégé*, a chyn diwedd y flwyddyn yr oedd John Prise wedi ei benodi i

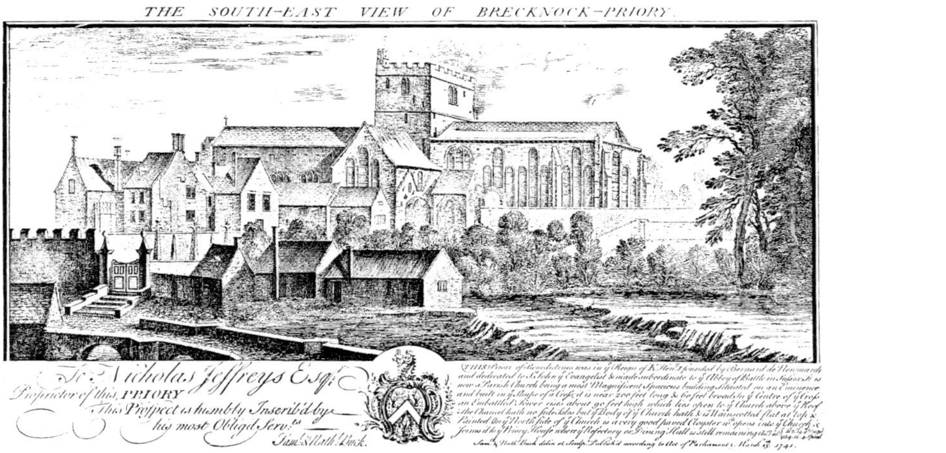

10 Priordy Aberhonddu. Engrafiad a wnaed ym 1741 gan y Brodyr Buck, yn dangos yr eglwys a Thŷ'r Prior. Daeth prydles yr adeiladau i feddiant Syr John Prise ym 1537 (o gasgliad Cofnod Henebion Cenedlaethol Cymru).

swydd strategol Ysgrifennydd Cyngor Cymru a'r Gororau, swydd a ddaliwyd ganddo hyd ei farw ym 1555. Bu'n siryf sir Frycheiniog, ac yn ddiweddarach swydd Henffordd, ac yn ynad heddwch yn holl siroedd Cymru a'r gororau. Ar esgyniad Edward VI i'r orsedd ym 1547 cafodd ei urddo'n farchog, a bu'n aelod o bedair senedd, o leiaf, yn yr wyth mlynedd rhwng 1547 a 1555. Heb ymhelaethu rhagor, yr oedd John Prise yn enghraifft nodedig iawn o'r math newydd hwnnw o weinyddwr gwladol a ddaeth i'r amlwg yn yr unfed ganrif ar bymtheg – y cyfreithiwr addysgedig, y tirfeddiannwr hirben, yr *entrepreneur* gwleidyddol. Nid ef, wrth gwrs, oedd yr unig un o blith hen deuluoedd uchelwrol Cymru a welodd ei gyfle yn oes y Tuduriaid, ond y mae John Prise yn gynrychiolydd go lachar o'r dosbarth hwnnw.

Serch hynny, nid ei yrfa fel gwas sifil – er mor hynod oedd honno – sy'n peri bod John Prise i'w gofio'n arbennig erbyn hyn. Fel y dywed Glanmor Williams, mewn astudiaeth nodweddiadol glir o gyfraniad Prise, 'above all else, it is for his role as a scholar that Pryse should be remembered. It is his place as one of the earliest distinctively Welsh Renaissance humanists that gave him his chief claim to fame'. 'Renaissance humanist', *dyneiddiwr*. Y mae hynny'n awgrymu holl afiaith y Dadeni Dysg, y symudiad deallusol rhyfeddol hwnnw a gychwynnodd yn yr Eidal cyn diwedd y bedwaredd ganrif ar ddeg, ac ymledu wedyn yn donnau adfywiol drwy ogledd a gorllewin Ewrop. Hanfod y Dadeni Ewropeaidd oedd yr ailddarganfod mawr ar gyfoeth y gwaddol clasurol yn ei gyflawnder – yr etifeddiaeth Roeg, yn ogystal â'r Lladin – a'i osod, wrth gwrs, mewn print. Pan gyrhaeddodd John Prise Rydychen, ac yna Lundain, yr oedd gwerthoedd diwylliannol ac ysgolheigaidd y Dadeni yn bwrw gwreiddiau cadarn yn y cymdeithasau y byddai'n troi ynddynt. Yr oedd Erasmus, yn ystod ei ymweliadau â Lloegr, wedi gweld (trwy wydrau rhosliw, braidd) yn y Tywysog Harri ifanc, y Brenin Harri VIII yn ddiweddarach, ddarlun o'r 'tywysog dyneiddiol' ar ei orau, ac yn Thomas More un o ddeallusion mwyaf dengar Dadeni gogledd Ewrop. Daeth sawl crac i ddifwyno'r darlun, wrth gwrs, a chymhlethwyd pethau ymhellach gan ddadleuon crefyddol trofaus y 1530au. Ym 1535, a John Prise erbyn hynny yng nghylch Thomas Cromwell, dienyddiwyd More. Ym 1536, ar ben arall y sbectrwm diwinyddol, dienyddiwyd William Tyndale. Ond yr oedd delfrydau'r Dadeni, clasuriaeth y Ddysg Newydd, bellach yn rhan o'r awyrgylch yr oedd John Prise yn ei amsugno.

Eithr nid 'Renaissance humanist' yn unig, meddai Glanmor Williams am John Prise, ond 'one of the earliest *distinctively Welsh* Renaissance humanists'. A dyma sy'n arbennig iawn ynglŷn â John Prise, sef ei fod ef (fel William Salesbury, ac fel Humphrey Llwyd a Siôn Dafydd Rhys ac eraill yn ddiweddarach) yn cyfuno diddordeb yn hanes a llenyddiaeth Cymru â'i ddysg ddyneiddiol ehangach. Y mae perygl gorsymleiddio pethau. Tuedd rhai dyneiddwyr oedd troi eu cefnau ar yr Oesoedd Canol, y *medium aevum* a oedd, yn eu tyb hwy, wedi bod yn fwlch anffodus rhwng y byd clasurol a'r ailddarganfod a oedd bellach yn digwydd ar y byd hwnnw. Ond, fel y dadleuodd Saunders Lewis yn dra chofiadwy yn ei ysgrif arloesol 'Damcaniaeth Eglwysig Brotestannaidd' (a gyhoeddwyd ym 1947), un o nodau angen llawer o'r dyneiddwyr Cymreig oedd na throesant 'mo'u cefnau ar lenyddiaeth yr oesoedd o'r blaen na gwadu bod rhinwedd a chelfyddyd ynddynt'. A phrin y ceir yr un dyneiddiwr sy'n dangos hynny'n gliriach na John Prise. Ei air ef ei hun yw ei fod 'wedi fy nhrwytho o'm bachgendod yn iaith gynnar ac yn hynafiaethau'r Brytaniaid'. Ac allan o'r tensiwn creadigol rhwng y ddau fyd yna, byd clasurol y Ddysg Newydd ar y naill law, a byd 'iaith a hynafiaethau'r Brytaniaid' ar y llaw arall, y daeth ysgolheictod John Prise i fod.

Nid oes unrhyw beth sy'n dangos yn well mor ddwfn oedd y gynneddf ysgolheigaidd yn John Prise na'i awch am gasglu ac astudio llawysgrifau a llyfrau print. Dyma, wrth reswm, un o'r pethau a fu'n ysgogi dyneiddwyr Ewrop o ddyddiau Petrarch ymlaen: y chwilio dygn am lawysgrifau coll rhai o'r hen awduron clasurol. Meginwyd fflam diddordeb John Prise yn y cyfeiriad hwn yn aruthrol gan ei brofiad fel ymwelydd â'r mynachlogydd. Beth bynnag am ochr ddinistriol diddymu'r tai crefydd, a'r sylw gwael a oedd yn rhwym o ddilyn gwaith y comisiynwyr yng ngolwg llawer, un peth mawr y mae'n rhaid ei ddweud o blaid John Prise yw iddo sylweddoli cymaint y cyfoeth o lawysgrifau a oedd ynghadw yn llyfrgelloedd y mynachlogydd, ac iddo fynd ati i'w harbed. Cyhoeddwyd ysgrif orchestol ar yr agwedd hon ar weithgarwch John Prise gan Neil R. Ker, yn y cylchgrawn *The Library* hanner canrif yn ôl, ym 1955. Yno dangosir yn eglur fod John Prise mewn gwirionedd yn un o'r pwysicaf oll o gasglwyr llyfrau a llawysgrifau ym Mhrydain yn union wedi diddymu'r mynachlogydd. Ymhlith y llyfrau a'r llawysgrifau hynny yr oedd llawer iawn o weithiau crefyddol, fel y gellid disgwyl, ac yn ei ewyllys gadawodd John Prise y rheini i lyfrgell enwog Eglwys Gadeiriol Henffordd. Y mae ymchwil Neil Ker yn dangos fod ymhlith y gweithiau a fu trwy law Prise bethau fel llawysgrifau o weithiau Awstin (o Abaty Cirencester) a Jerôm (o Briordy St Guthlac, lle y gwnaeth Prise ei gartref yn Henffordd), yn ogystal â llawer o lyfrau printiedig o weithiau'r Tadau Eglwysig (wedi eu hargraffu yn ystod oes Prise) y gellir tybio ei fod wedi eu prynu ei hun. Ond nid yn Henffordd yn unig y ceir llawysgrifau crefyddol a fu'n eiddo i John Prise. Y mae hefyd gasgliad pwysig iawn, yn cynnwys hanner cant ymron o lawysgrifau, sy'n eiddo i Goleg Iesu, Rhydychen, casgliad y dywedir amdano (mewn cofrestr yn y Coleg, dyddiedig 1602) ei fod 'ex Donatione' (o rodd) Syr John Prise o Henffordd. Y mae problem ynglŷn â'r hyn yn union a olygir wrth hynny, gan mai ym 1571 y sefydlwyd Coleg Iesu, ac yr oedd John Prise wedi marw ym 1555. Ond nid oes unrhyw amheuaeth eu bod yn rhan o'i gasgliad ef. Dônt o'r union fynachlogydd y bu ef yn derbyn eu heiddo – Bryste, Caerloyw, Cirencester, Evesham, Winchcombe, Pershore – a cheir nodiadau yn llaw Prise yn rhai ohonynt. Y tebygrwydd yw i'r casgliad gael ei gyflwyno i Goleg Iesu gan ddisgynnydd i'r teulu a rannai'r un enw â John Prise.

Ond nid llawysgrifau a llyfrau crefyddol yn unig a ddenodd sylw John Prise. Casglodd hefyd lawysgrifau awduron yr Oesoedd Canol: *Historia Ecclesiastica* Beda, er enghraifft, a *Policraticus* John o Gaersallog (John of Salisbury). Ymhlith y llawysgrifau gwasgaredig hyn ceir nifer helaeth a oedd yn ymwneud â *Brytannorum antiquitates*, 'hynafiaethau'r Brytaniaid': gweithiau Gerallt o Gymru (nifer o wahanol lawysgrifau o weithiau gwahanol), Bucheddau'r Saint (yr enwog Cotton Vespasian A.XIV), a hefyd (yn fwyaf arwyddocaol oll, efallai, ar gyfer diddordeb John Prise yn y traddodiad Sieffreaidd) lawysgrif o'r drydedd ganrif ar ddeg o *Historia* Sieffre, sef Llawysgrif Peniarth 42 (yr unig un, hyd y gwn i, o'r llawysgrifau Lladin y gellir bod yn sicr iddynt fod yn eiddo i Prise sydd bellach yn Llyfrgell Genedlaethol Cymru). Dylid ychwanegu bod modd i John Prise ddarllen gwaith Sieffre mewn print. Cawsai'r *Historia* ei olygu yn gynnar yn yr unfed ganrif ar bymtheg gan Ivo Cavellatus, a'i argraffu ym Mharis gan Josse Bade (neu Badius) ym 1508, a'i ailargraffu (eto gan Bade) ym 1517. Yr oedd gan John Prise ddau gopi o'r argraffiad 1517 hwnnw. Y mae un o'r rheini bellach yn Llyfrgell Coleg Corff Crist yn Rhydychen. Y mae'r copi'n frith gan nodiadau yn llaw Prise ar ymyl y ddalen: y mae'n amlwg ei fod wedi ymdrwytho ynddo. Dyna lyfr printiedig, a da ein hatgoffa'n hunain mai John Prise a fyddai'n peri gosod y Gymraeg mewn print am y tro cyntaf, yn *Yny lhyvyr hwnn* (1546). Ond, a dychwelyd am foment at y llawysgrifau, ni chyfyngwyd ymchwil llawysgrifol John Prise i lawysgrifau Lladin yn ymwneud â 'hynafiaethau

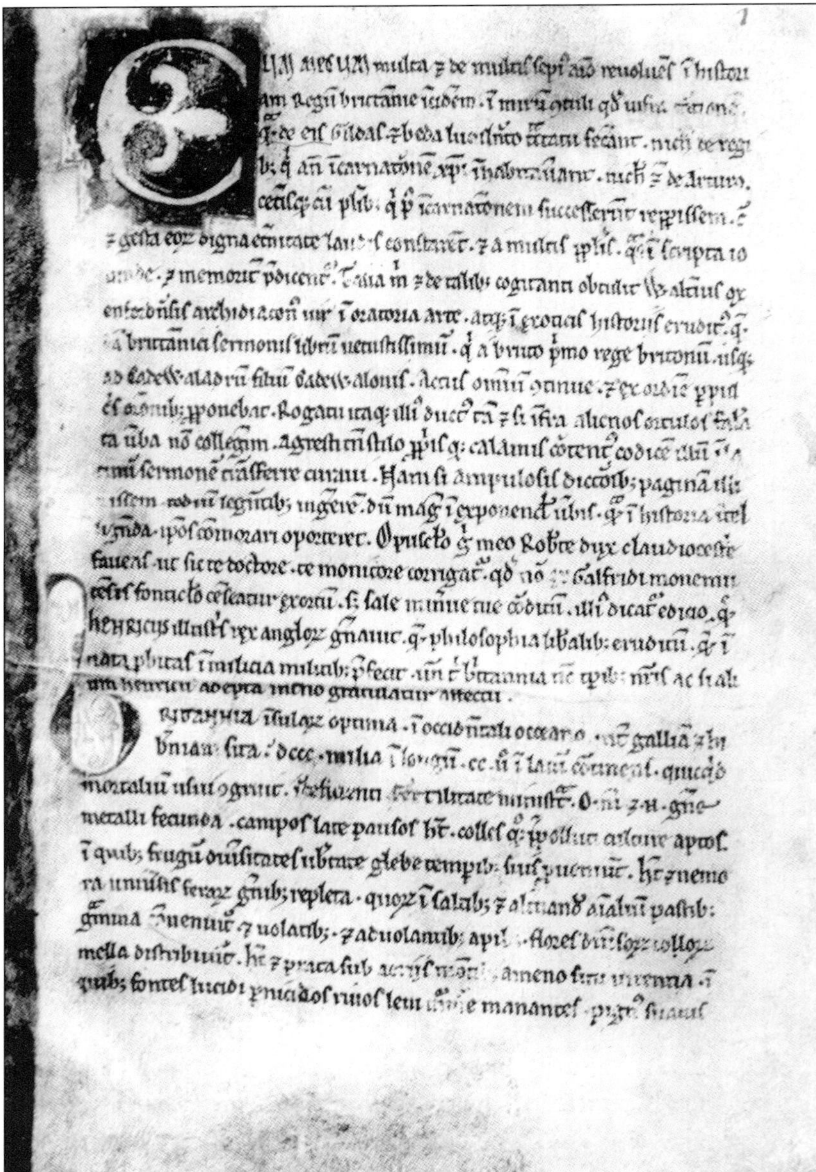

11 Dechrau *Historia Regum Britanniae* Sieffre o Fynwy, yn LLGC, LlS. Peniarth 42. Bu'r llawysgrif hon, a ysgrifennwyd yn y drydedd ganrif ar ddeg, yn eiddo i John Prise, ac ynddi ceir nodiadau yn ei law ef.

Prydain'. Fel y gwelir yn y man, un o'r pethau mawr ynglŷn â John Prise yw fod rhai o'r llawysgrifau Cymraeg pwysicaf wedi bod trwy ei ddwylo hefyd. Yn wir, gellid honni mai ei ymwybyddiaeth o'r ffynonellau Cymraeg, a'i wybodaeth fanwl amdanynt, yw'r hyn sy'n rhoi gwir arbenigrwydd i waith ysgrifenedig John Prise. A thyst arbennig iawn i ddiddordeb dwfn John Prise yn y traddodiad llenyddol Cymraeg yw'r 'Llyfr Amrywiaeth' (*Commonplace Book*), llawer ohono yn ei law ei hun, sydd ar gadw yn Llyfrgell Coleg Balliol, Rhydychen, sef Llawysgrif Balliol 353. Ymhlith nifer o bethau eraill, y mae'r llawysgrif yn cynnwys detholiad helaeth o waith y Cywyddwyr, o Ddafydd ap Gwilym, a Madog Benfras, ac Iolo Goch, ymlaen. Ceir yno gasgliad o gerddi mawl i John Prise, a hefyd lawer o ganu gwleidyddol – gan Ddafydd Nanmor, er enghraifft, a chan Lewis Morgannwg – ac enghreifftiau o'r canu brud. Ond ceir yno hefyd gywyddau ac awdlau cwbl anwleidyddol. Y mae'n gasgliad eithriadol o bwysig.

A chan y gŵr cyfraith dysgedig hwn, John Prise, y cafwyd yr hyn a alwodd Thomas Kendrick (un o gewri astudiaethau hynafiaethol ym Mhrydain ganol yr ugeinfed ganrif), 'the principal scholarly affirmation of the medievalist's position', sef y safbwynt Sieffreaidd a ddaethai dan lach Polidor Vergil. Gwnaeth Prise hynny mewn llyfr Lladin sy'n dwyn y teitl *Historiae Brytannicae Defensio* ('Amddiffyniad Hanes Prydain'), 'the first' (meddai Kendrick) 'of the great books on the subject of the antiquity of the British, and in it we see as in no other work what the Brut meant to a thoughtful antiquary of British nationality in the middle of the sixteenth century'.

Argraffwyd *Historiae Brytannicae Defensio* gan wasg Henry Binneman yn Llundain ym 1573, ddeunaw mlynedd ar ôl marw John Prise. Richard, un o'i feibion, a fu'n gyfrifol am gyhoeddi'r llyfr, ac y mae'r gyfrol yn cynnwys, yn ogystal â thestun y *Defensio*, lythyr annerch gan Richard

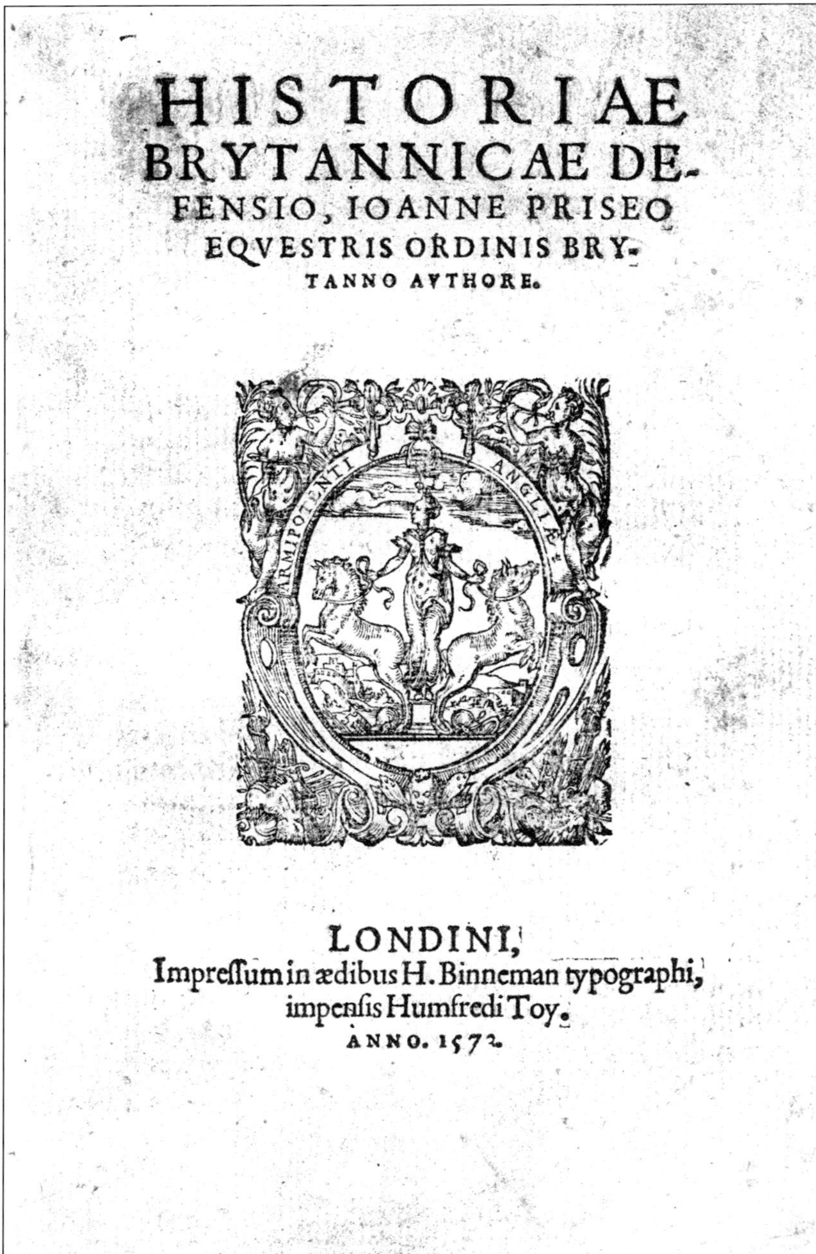

HISTORIAE BRYTANNICAE DEFENSIO, IOANNE PRISEO EQVESTRIS ORDINIS BRYTANNO AVTHORE.

LONDINI,
Impreſſum in ædibus H. Binneman typographi, impenſis Humfredi Toy.
ANNO. 1572.

12 Wynebddalen *Historiae Brytannicae Defensio* (1573) Syr John Prise.

Prise wedi ei gyfeirio at William Cecil, Arglwydd Burghley, a hefyd lythyr annerch yr oedd John Prise ei hun wedi ei lunio at William Herbert, Iarll Penfro (y cyntaf o'r ail greadigaeth). Dyna bâr go arbennig i bwyso ar eu nawdd ar gyfer y gwaith. Yn y llythyr annerch at William Herbert y mae John Prise yn egluro un o'i resymau dros ysgrifennu'r gwaith yn Lladin: yn Lladin yr ysgrifennodd Polidor Vergil ei waith ef, ac y mae'n briodol felly ei ateb yn yr iaith honno, iaith gydwladol dysg. Yn ychwanegol at y ddau lythyr annerch hyn, y mae gan John Prise hefyd ragair ffurfiol, wedi ei gyfeirio at y Brenin Edward VI. Gan i Edward farw yn fachgen pymtheng mlwydd oed ym 1553, y mae'n debyg y gellir dweud yn bur bendant fod y *Defensio* wedi ei gwblhau erbyn y flwyddyn honno. Hefyd ceir pum tudalen o gerddi Lladin, yn cyfarch y gwaith; rhestr o awduron y cyfeirir atynt a dyfynnu ohonynt yng nghorff y llyfr; mynegai cynhwysfawr i'r cyfan; ac at hynny hefyd y mae Richard Prise wedi ychwanegu, fel atodiad, draethawd Humphrey Llwyd ar Ynys Môn ac ystyr yr enw *Mona*. Cawsai'r traethawd hwnnw ei gyhoeddi gyntaf ym 1570, yn *Theatrum Orbis Terrarum* y daearyddwr o Antwerp, Abraham Ortelius.

Dyna'r gyfrol argraffedig. Ond y mae ar gadw hefyd ddwy lawysgrif sy'n cynnwys testun y *Defensio*. Yn gyntaf, yn y Llyfrgell Brydeinig (Llsgr. Cotton Titus F.III), ceir fersiwn cynnar o'r gwaith, yn llaw John Prise ei hun. Y mae hwn yn fersiwn tipyn byrrach na'r un a argraffwyd, ac y mae'r copi yn flêr ac yn aneglur iawn mewn mannau. Y mae hefyd yn cynnwys cyflwyniad i Syr Brian Tuke, gŵr yr oedd llawer yn gyffredin rhyngddo a John Prise. Un o ysgrifenyddion Harri VIII oedd Tuke; yr oedd ganddo ddiddordeb byw iawn yn y celfyddydau cain (er enghraifft, yr oedd yn noddwr i'r artist Hans Holbein), a hefyd mewn llenyddiaeth a hynafiaethau. Bu farw Brian Tuke ym 1545, ac y mae'r ffaith fod John Prise yn cyflwyno'r fersiwn cynnar hwnnw o'r *Defensio* iddo yn dangos bod Prise – fel Leland – wedi dechrau gweithio ar ei ymateb i Polidor yn fuan ar ôl i'r *Anglica Historia* ymddangos. Y mae'r ail lawysgrif sy'n cynnwys testun y gwaith ar gadw (fel llawysgrif y 'Llyfr Amrywiaeth') yn Llyfrgell Coleg Balliol, Rhydychen: Llawysgrif Balliol 260. Y mae'r llawysgrif hon (sy'n cynnwys testun y *Defensio* yn unig, heb unrhyw gyflwyniad nac ychwanegiadau eraill) yn agos iawn at y fersiwn argraffedig. Y mae yn llaw copïydd, ond ceir ynddi hefyd gywiriadau ac ychwanegiadau yn llaw Prise ei hun. Er bod rhai gwahaniaethau rhwng yr hyn sydd yn llawysgrif Balliol a chynnwys y llyfr printiedig, gellir bod yn weddol hyderus fod y gwaith a brintiwyd fwy neu lai yn y ffurf orffenedig a fwriadai John Prise ar ei gyfer.

Y mae'r ymdriniaeth a geir yn y *Defensio* wedi ei threfnu yn dair pennod ar ddeg; rhai yn fyr, ond nifer ohonynt yn datblygu dadl fanwl dros dudalennau lawer. Yn yr ail bennod rhydd Prise grynodeb o'r gwaith cyfan. Ar ôl cyfeirio at ddallineb Polidor Vergil, yn enwedig yn ei ymwneud ag Arthur, y mae'n rhestru pedwar mater sy'n hawlio sylw neilltuol. Yn gyntaf, rhaid ymdrin â holl gwestiwn hygrededd a hynafiaeth y traddodiad Sieffreaidd. Yn ail, byddir yn rhoi sylw i enw'r Brytaniaid ac enw ynys Brydain: y mae hynny, wrth reswm, yn agor holl fater y stori am Brutus. Yn drydydd, byddir yn trafod hanes Brennus (neu Brennius), un o feibion Dyfnwal Moelmud, y ceisir ei gysylltu nid yn unig â'r Brennus y mae Sieffre'n sôn amdano fel arweinydd cyrch ar Rufain, ond hefyd â'r Brennus a fu'n arwain y Galatiaid yn Asia Leiaf yn y drydedd ganrif cyn Crist. Y pedwerydd mater, wrth gwrs, fydd hanes Arthur, 'prif ogoniant ac addurn digymar y deyrnas hon'. Meddai ymhellach:

> Gyda chymorth dadleuon yr wyf fi, beth bynnag, yn eu hystyried yn gredadwy, fe geisiaf brofi a gwneud yn eglur nid yn unig fod Arthur wedi bodoli ond hefyd ei fod y math o ddyn y mae'r Hanes yn ei ddyrchafu, yn

> frenin gwirioneddol hyglod ac yn arweinydd eithriadol mewn rhyfeloedd lawer.

Y mae John Prise yn ychwanegu un goleddfiad, sy'n peri sylweddoli ei fod yn derbyn fod problem yn bodoli. Meddai:

> Wrth gwrs 'rwy'n gadael o'r neilltu chwedlau a ddyfeisiwyd amdano o ffynonellau eraill, chwedlau a ychwanegwyd at yr hanes, y math o chwedlau sy'n cael eu llunio am ddynion o fri.

Dyna'r union anhawster: ym mhle y mae tynnu'r ffin rhwng chwedl a hanes wrth drafod *Historia* Sieffre? Y mae'n amlwg, beth bynnag, fod John Prise yn sylweddoli natur y broblem.

Y mae llawer y gellid ei ddweud am *Historiae Brytannicae Defensio.* Am y tro, sylwn ar ddwy agwedd sy'n sylfaenol i'r gwaith. Yn gyntaf, un o brif ddadleuon Polidor Vergil oedd nad yw'r haneswyr clasurol cydnabyddedig, Cesar a Livius ac ati, yn sôn dim am Brutus a'r holl griw y mae Sieffre yn creu ei stori o'u cwmpas yn rhannau cynharaf yr *Historia.* I unrhyw ddyneiddiwr, yr oedd pwysigrwydd yr awduron Groeg a Lladin yn gwbl ganolog. Y mae perthynas 'Hanes Prydain' â gwaith yr awduron clasurol yn rhywbeth y mae'n rhaid i John Prise ei wynebu, ac y mae'n mynd i'r afael â'r cwestiwn ar y dechrau cyntaf un:

> Ni allaf fynegi'n ddigonol faint fy syndod at farn annheg y rheini sydd, ar waethaf y dystiolaeth doreithiog sy'n dod o du traddodiad hir a chyson yn ogystal ag oddi wrth awdurdodau ysgrifenedig dibynadwy, yn dal i wrthod credu bod dynion o'r math y mae croniclau hynafol ein cenedl yn eu portreadu, gwroniaid mawr eu bri, wedi ffynnu yn yr ynys hon. Y maent yn seilio'u gwrthwynebiad yn rhannol ar y ddadl fod y gwroniaid hyn yn cael eu hanwybyddu'n llwyr gan awduron Rhufeinig,

> ac yn rhannol ar y dyb nad oes ar gael ym Mhrydain unrhyw gofnodion sy'n ategu a chadarnhau hygrededd y croniclau hynny. Y mae, fodd bynnag, yn hawdd canfod mor annigonol yw'r naill a'r llall o'r rhesymau hyn. Onid yw pawb yn gwybod mai ymegnïo a wnâi'r awduron Rhufeinig, uwchlaw popeth arall, i roi'r bri mwyaf posibl i gyflawniadau eu pobl eu hunain? Ynglŷn â gweithredoedd cenhedloedd eraill, ni fyddent ond yn ymwneud â hwy yn achlysurol, yn gwbl ansystematig, heb fyth olrhain eu hanes yn ddi-dor. Felly, yn achos y materion hynny y mae'n fwriad proffesedig gan haneswyr Rhufeinig eu trafod, dylem osod ynddynt yr holl ymddiriedaeth y maent yn ei hawlio. Ni ddylid, fodd bynnag, ymddiried ynddynt yn yr un modd pan fyddant yn trafod hanes pobloedd eraill. Adroddiadau diarffordd ac, ar y cyfan, annibynadwy fydd eu sail ar gyfer hynny, a dibwys fydd eu hymdriniaeth. Eu gwir amcan yw prysuro i adrodd cyflawniadau eu pobl eu hunain, er mai o'r braidd y gellir credu, a hwythau'n ddynion sy'n chwenychu enwogrwydd yn fwy na chyfoeth, na fyddant wedi ffugio rhai pethau er budd y Rhufeiniaid.

Hynny yw, pa ddisgwyl sydd i awduron Lladin a Groeg ymdrin yn helaeth, ac yn ddeallus, â hanes pobl estron? A pha hawl sydd gan Polidor, neu unrhyw ddyn dieithr arall, i amau dilysrwydd ein traddodiad hanesyddol ni? Gallai Polidor ofyn yn ôl, wrth gwrs: pa le y mae'r dystiolaeth ysgrifenedig ar gyfer yr hanes cynnar hwn? Ac y mae Prise, fwy nag unwaith, yn pwysleisio'n graff iawn y lle a oedd i draddodiadau llafar mewn diogelu hanes cenedl. Nid er dim yr oedd John Prise wedi ei hyfforddi yn y gyfraith; gwyddai'n iawn sut i adeiladu a chyflwyno dadl. Hefyd, er yr ymddiheuro yn y llythyr annerch at Iarll Penfro fod ei Ladin yn brin o'r huodledd (*eloquentia*) a'r ceinder ymadrodd (*sermonis nitor*) a ddisgwylid gan awdur o ddyneiddiwr, y mae darn fel hwn yn brawf fod John Prise yn gryn feistr ar yr iaith Ladin a'i hadnoddau.

Y mae a wnelo'r ail agwedd yr wyf am ei phwysleisio â gwybodaeth John Prise am lawysgrifau a'i ddefnydd ohonynt, yn enwedig y rhai Cymraeg. Meddai Neil Ker, yn yr astudiaeth y cyfeiriwyd ati eisoes, 'for Prise the old manuscripts are all in all, to be quoted exactly'. Yr oedd gan John Prise yn ei feddiant, neu yr oedd wedi gweld, lawysgrifau Lladin a gyfeiriai at Arthur neu ryw fater arall yr oedd Polidor yn ei amau, llawysgrifau y tybiai Prise eu bod yn ategu'r traddodiad Sieffreaidd: dyna, er enghraifft, lawysgrif yn cynnwys *Historia Brittonum* (a dadogai Prise ar Gildas), un arall yn cynnwys *Speculum Ecclesiae* ('Drych yr Eglwys') Gerallt o Gymru, a'r llawysgrif a adwaenwn ni heddiw fel fersiwn 'C' yr *Annales Cambriae* (Llsgr. Cotton Domitian I). Ond gogoniant John Prise oedd ei fod nid yn unig yn gwybod am lawysgrifau Lladin a oedd, yn ei dyb ef, yn cadarnhau traddodiad y *Brut*, ond iddo hefyd gael gafael ar ddeunydd Cymraeg, ei astudio a'i gopïo, a'i wneud yn rhan hanfodol o'i ymresymu wrth ddadlau yn erbyn Polidor. Dyma'r dyn a fu'n casglu gwaith y Cywyddwyr, fel y soniwyd eisoes, ar gyfer ei 'Lyfr Amrywiaeth'. Gwelodd bwysigrwydd gosod y Gymraeg mewn print drwy gyhoeddi *Yny lhyvyr hwnn*. Ac yn *Historiae Brytannicae Defensio,* wrth gyflwyno ei achos, y mae'n troi'n benodol at dystiolaeth llawysgrifau Cymraeg, ac yn dyfynnu ohonynt. Ceir enghraifft nodedig o hynny yn y ddeuddegfed bennod, lle y trafodir eto, yn fanwl iawn, y dystiolaeth sydd ar gael i ategu'r hanes am Arthur. Yng nghwrs y drafodaeth dyfynnir pedwar darn o farddoniaeth Gymraeg, a'u cyfieithu hefyd i fydrau Lladin. Daw un darn o Lyfr Du Caerfyrddin, o ddiwedd y gerdd 'Ymddiddan Myrddin a Thaliesin'. Y mae dau o'r darnau'n dod o Lyfr Coch Hergest, o'r englynion i Geraint fab Erbin. Dyna ddwy o lawysgrifau pennaf y Gymraeg wedi bod trwy ddwylo John Prise. Ond y mae llawer mwy i'w ddweud na hynny. Ymddengys mai ef a arbedodd y Llyfr Du, yn ôl pob tebyg yr hynaf o'r llawysgrifau sy'n cynnwys barddoniaeth Gymraeg i oroesi. Am y Llyfr Coch, bu John Prise yn pori'n helaeth ynddo. Drwy'r llyfr y mae ei nodiadau'n frith ar ymyl y ddalen, a chododd gerddi ohono i'w 'Lyfr Amrywiaeth' (wrth un ohonynt nododd ei fod 'o Lyvyr Hergest'). Y mae John Prise yn priodoli'r pedwerydd dyfyniad i Daliesin: 'Taliessin benn beyrdd ae kant.' Daw'r gerdd o'r corff o farddoniaeth a adwaenir fel Canu'r Porth Bychan, yng nghyswllt *Ystoria Taliesin*. Er bod amryw fersiynau o'r gerdd wedi goroesi mewn llawysgrifau (fel y mae astudiaeth fanwl gan Dr Gruffydd Fôn Gruffydd wedi dangos), hyd y gwn i nid yw'r un o'r rhain yn cyfateb yn union i'r hyn a geir gan John Prise: mewn geiriau eraill, y mae ef yn dibynnu yma ar lawysgrif anhysbys a oedd yn diogelu ffurf ar y canu a gysylltid ag enw Taliesin. Dyna eto arwydd o'i ymchwil am y llawysgrifau a'i ymdrwytho ynddynt; cynhwysodd eu tystiolaeth o fewn i'w ddadl, ac wrth wneud hynny gosododd rannau ohonynt mewn print am y tro cyntaf.

Beth, felly, yw arwyddocâd arbennig *Historiae Brytannicae Defensio* John Prise? Ar un olwg yr oedd yr awdur ar antur gwbl seithug, yn ceisio amddiffyn yr anamddiffynadwy. Wedi'r cwbl, onid oedd Polidor Vergil, at ei gilydd, yn iawn yn ei feirniadaeth ar y traddodiad Sieffreaidd, a John Prise – fel Leland a John Bale a llawer o rai eraill – yn cyfeiliorni yn ei ymlyniad wrtho? Ond methu â gweld pwysigrwydd John Prise fyddai dadlau felly. Yn un peth, yr hyn a geir ar dudalennau'r *Defensio* yw enghraifft aruchel o gymhwyso egwyddorion yr hanesydd dyneiddiol at ddadansoddi ffynonellau craidd, y math o egwyddorion a drafodwyd gan y Ffrancwr Jean Bodin (y mae Richard Prise yn cyfeirio ato yn ei ragymadrodd ef i waith ei dad). Ac nid yw John Prise yn llyncu'n ddigwestiwn bopeth yn *Historia* Sieffre. Ar lawer golwg y mae ei agwedd ef at bethau yn ddigon tebyg i un Polidor. Y gwahaniaeth rhyngddynt yw mater *ble* ar y raddfa y mae'r naill a'r llall ohonynt yn gweld hanes yn peidio â bod yn hanes ac yn troi'n gasgliad o chwedlau ffug. Hefyd, y mae'r rhesymu gofalus a geir yn y gwaith yn dyst i afael parhaol y traddodiad Sieffreaidd ar ddychymyg a theimladau dynion o ddysg, ac nid rhai o Gymru yn unig, yn yr unfed ganrif ar bymtheg.

O edrych arno o safbwynt Cymreig, y mae arwyddocâd dyfnach na'r rhain i waith John Prise. I'r Cymry, golygai *Historia* Sieffre fwy na darlun rhamantaidd o hen ogoniannau, mwy hyd yn oed na phrawf o hawl y Tuduriaid i'r orsedd. Ynddo caent dystiolaeth, yng ngeiriau cymwys Brynley F. Roberts, 'i uchel dras ac arwahanrwydd cenedl. Yr oedd gwaith Sieffre o Fynwy, conglfaen yr ymwybyddiaeth genedlaethol, yn llyfr rhy sylfaenol i'w golli'. Gellir edrych ar *Defensio* John Prise nid yn unig fel amddiffyniad o hygrededd Sieffre ond hefyd fel ymgais i warchod hunaniaeth ac urddas y Cymry. Fel y gwelwyd eisoes, elfen dra phwysig yn John Prise yw'r lle a roddir ganddo yn ei ysgrifennu i'r Gymraeg, a'r traddodiad llenyddol a hanesyddol sydd ynghlwm wrthi. Y Cymry oedd gwir ddisgynyddion yr hen Frytaniaid; y Gymraeg oedd eu hiaith. A dyna paham yr oedd eu traddodiad llenyddol hwy yn bwysig. Ym mhennod gyntaf y *Defensio* ceir ganddo ddisgrifiad o'r iaith Gymraeg, disgrifiad nid annhebyg i'r hyn a geir yn *Yny lhyvyr hwnn*, yn seiliedig ar fersiwn o ramadeg y penceirddiaid. Yn yr un bennod ceir ymdriniaeth fawreddog â'r traddodiad llenyddol Cymraeg, o'r ddau Fyrddin a Thaliesin hyd at Iorwerth Fynglwyd a Thudur Aled. Dyma'r ymgais gynnar lawnaf (llawnach nag a geir gan William Salesbury yn y rhagymadrodd i *Oll Synnwyr Penn*) i gyflwyno braslun o hanes y traddodiad barddol yng Nghymru. Priodol iawn yw sylw Saunders Lewis, yn yr ysgrif honno ('Damcaniaeth Eglwysig Brotestannaidd') y cyfeiriwyd ati yn gynharach, fod John Prise yn rhoi pwys 'ar draddodiad Taliesinaidd barddoniaeth Gymraeg, a throsglwydda hynny i'r dyneiddwyr cyfoes fel gogoniant neilltuol y Gymraeg': nid yn unig dyneiddwyr Cymru ei hun, ond hefyd – trwy'r iaith Ladin – ddyneiddwyr Lloegr ac Ewrop achlân.

Nid yw'r arolwg sydd gan Prise yn y bennod gyntaf wedi ei gyfyngu i'r traddodiad barddol. Y mae'n sôn hefyd am destunau cyfraith a gweithiau meddygol, llyfrau crefyddol a gweithiau hanes a gadwyd yn y Gymraeg. Byddai'n dda gwybod pa destunau yn union sydd ganddo mewn golwg. Y mae'n dra phosibl ei fod yn meddwl am lawysgrifau megis Llyfr Coch Talgarth (Llsgr. Llanstephan 27), sy'n cynnwys testunau crefyddol o bwys, a Llsgr. Coleg Iesu 57, sy'n cynnwys testunau cyfraith. Gwyddai John Prise hefyd am fersiynau Cymraeg o *Historia* Sieffre; ac yntau'n gyfarwydd â Llyfr Coch Hergest, ni allai lai na gwybod am *Frut y Tywysogyon.* Meddai, eto yn y bennod gyntaf:

> Gyda golwg yn benodol ar y mater dan sylw yn y gyfrol hon, y mae gan y Brytaniaid eu hanes wedi'i gofnodi yn eu hiaith eu hun. Y mae rhai o'r adroddiadau yn faith a gwasgaredig, eraill yn fyr a chywasgedig yn null croniclau. Y mae'r rhain yn estyn nid yn unig o ddechreuadau'r genedl hyd at amser Cadwaladr, yr olaf o'r brenhinoedd brodorol (sef y pwynt lle y mae 'cyfieithiad' Sieffre yn gorffen), ond hefyd o'r amser hwnnw hyd at Lywelyn, eu tywysog olaf, yn amser Edward, Brenin Lloegr.

Dyna ddimensiwn na wyddai Polidor Vergil ddim amdano.

Dyn y sefydliad Tuduraidd oedd John Prise, wrth reswm, dyn a oedd yn gweithredu'r uniad gwleidyddol rhwng Lloegr a Chymru. Nid oes ond eisiau edrych ar y rhagymadroddion at William Herbert ac at Edward VI i weld hynny. Ond yr oedd hefyd yn ddyn a oedd yn awyddus i ddiogelu urddas ei genedl. Gwyddai fod gan Gymru ei chynhysgaeth unigryw ei hun, a bod ganddi waddol llenyddol ar gadw mewn llawysgrifau a ysgrifennwyd yn ei hiaith ei hun ac a oedd yn teilyngu cael ei ddwyn gerbron y byd mewn print. Er pwysiced ei holl gyfraniad fel gwleidydd a gweinyddwr, ei bennaf camp oedd iddo, efallai yn ddiarwybod iddo ef ei hun, gadw fflam yr ymwybyddiaeth o genedligrwydd Cymreig ynghyn mewn oes pan oedd grymoedd lawer am weld ei diffodd.

Yn ystod y ddwy neu dair cenhedlaeth a'i dilynodd bu apêl John Prise yn fawr, a'r amddiffyn a gafwyd ganddo ar y traddodiad Sieffreaidd yn dra dylanwadol. Mewn ysgrifeniadau Lladin, Cymraeg a Saesneg cydnabu dyneiddwyr o Gymru fel Humphrey Llwyd, David Powel a Siôn Dafydd Rhys eu dyled i'w arweiniad, a'i ganlyn hefyd yn ei feirniadaeth ar Polidor Vergil. O werth dyfnach a mwy parhaol, dilynant yn ôl ei droed wrth danlinellu pwysigrwydd yr iaith Gymraeg a'r traddodiad llenyddol a diwylliannol a oedd ynghlwm wrthi. Ceir pwysleisiau tebyg gan awduron megis Roger Morris o Goed-y-talwrn, Ifan Llwyd ap Dafydd o Nantymynach a John Lewis o Lynwene. Erbyn marw'r Frenhines Elisabeth I ym 1603, a chyda hynny ddiwedd oes y Tuduriaid, yr oedd statws y Gymraeg (diolch, uwchlaw popeth arall, i ymdrechion cyfieithwyr y Beibl a'r Llyfr Gweddi Gyffredin) gryn dipyn yn gadarnach nag y byddai dehongliad pesimistaidd o ddeddfwriaeth 1536 wedi peri disgwyl. Gallai un o'r cyfieithwyr hynny, Dr John Davies, Mallwyd, a oedd hefyd yn un o brif warcheidwaid urddas yr iaith, fforddio bod yn llai ymfflamychol ei agwedd at rai o'i gyfoeswyr, megis William Camden, a oedd yn amau hygrededd stori Sieffre. Meddai John Davies, yn rhagymadrodd Lladin ei Eiriadur (1632):

> Nid wyf o'r farn fod hanes Brutus i'w wrthod a'i wadu, yn unig am fod cymaint ymosod arno gan rai yn ddiweddar: ac eto, pell y bo imi dybio fod y rheini yn ymosod felly allan o gasineb at y genedl, neu o genfigen wrth yr hanes ei hun, . . . neu er mwyn ymddangos gymaint â hynny'n fwy dysgedig am fod ganddynt ryw wrthwynebiad i'w ddwyn yn erbyn ysgrifeniadau hen awduron.

Yr oedd safbwynt cymedrol felly yn bosibl am wneuthur o (yng ngeiriau Siôn Dafydd Rhys, yn ei draethawd ar 'Wiredd Hanes Sieffre o Fynwy') 'Sir Jon Pris bharchawc vrdhawl ei rann o barthred rhai o'r pethev hynn dros dalm yr amser y bvchedhocaei ebh yndaw'.

DARLLEN PELLACH

Ceri Davies, *Rhagymadroddion a Chyflwyniadau Lladin, 1551–1632* (Caerdydd, 1980).

R. Geraint Gruffydd, 'Y print yn dwyn ffrwyth i'r Cymro: *Yny lhyvyr hwnn*, 1546', *Y Llyfr yng Nghymru*, I (1998).

Denys Hay, *Polydore Vergil: Renaissance Historian and Man of Letters* (Rhydychen, 1952).

T. D. Kendrick, *British Antiquity* (Llundain, 1950).

Neil R. Ker, 'Sir John Prise', *The Library*, cyfres 5, X (1955). Ailgyhoeddwyd yn N. R. Ker, *Books, Collectors and Libraries*, gol. A. G. Watson (Llundain a Ronceverte, 1985).

Saunders Lewis, 'Damcaniaeth Eglwysig Brotestannaidd', *Efrydiau Catholig*, II (1947). Ailgyhoeddwyd yn Saunders Lewis, *Meistri'r Canrifoedd*, gol. R. Geraint Gruffydd (Caerdydd, 1973).

Brynley F. Roberts, 'Sieffre o Fynwy a myth hanes cenedl y Cymry', yn Geraint H. Jenkins (gol.), *Cof Cenedl VI: Ysgrifau ar Hanes Cymru* (Llandysul, 1991).

Brynley F. Roberts, 'Ymagweddau at *Brut y Brenhinedd* hyd 1890', *Bwletin y Bwrdd Gwybodau Celtaidd*, XXIV, rhan 2 (1971).

Glanmor Williams, *Harri Tudur a Chymru* (Caerdydd, 1985).

Glanmor Williams, 'Sir John Pryse of Brecon', *Brycheiniog*, XXXI (1998-9).

'DYRO DDUW DY NAWDD': IOLO MORGANWG A'R MUDIAD UNDODAIDD

Geraint H. Jenkins

Un Duw sydd, un ffydd hoff addfwyn – yn bod,
Un bedydd iawn ymddwyn, ymgyflwyn
Un gwir rhag cam i'n hamddwyn,
Un yspryd cariad mâd mwyn.

Iolo Morganwg

Tua chanol Awst tesog 1801 cerddodd Iolo Morganwg bob cam o'i fwthyn bychan gwyngalchog yn Nhrefflemin ym Mro Morgannwg i dref brysur a chythryblus Caerfyrddin. Nid oedd yn awchu am gael bod ymhlith trigolion sir Gaerfyrddin oherwydd tybiai fod yn eu plith ormod o bersoniaid diffaith, Methodistiaid penboeth, cnafon twyllodrus a gwragedd tafotrydd. At hynny, tra oedd pobl dda Morgannwg yn gofalu am eu tai a'r Cardis am eu heneidiau, yr oedd trigolion shir Gâr yn rhy chwannog o lawer i feddwl am eu boliau. Hyd yn oed yn yr iaith fain, nid oedd ei sylwadau amdanynt fymryn mwy cysurlon: 'extortion, imposition, mean and low cunning under the mask of hypocrisy are more abundantly to be met with in this County than in any other part of Wales'. Nid nepell o'r dref yr oedd Palas yr Esgob yn Abergwili – 'this grovelingly great place', chwedl Iolo – lle yr oedd George Murray, Esgob Tyddewi, yn brawf fod Esgyb Eingl anghyfiaith ac erlitgar yn dal yn fyw ac yn iach yn y tir. Ar y llaw arall, nid oedd tref Caerfyrddin ei hun yn brin o atyniadau. Diolch i'w gweisg llewyrchus a'i hacademi Anghydffurfiol – yr 'hoff ddysgedig nyth' fel y'i gelwid – yr oedd Caerfyrddin yn un o brif ganolfannau 'anuniongrededd' yn ne Cymru, a thybiai Iolo fod yr iaith Saesneg yn burach ar wefusau trigolion y dref nag ym mwyafrif trefi Lloegr.

Fel erioed, yr oedd gan Iolo sawl nod i'w gyflawni yn nhref Caerfyddin. Ac yntau'n chwilio'n ddyfal am ddeunydd llenyddol i blesio ei noddwr, Owain Myfyr, ac i'w gyhoeddi yn yr hirddisgwyliedig *The Myvyrian Archaiology of Wales*, yr oedd ar drywydd llawysgrifau a drawsysgrifiwyd gan y diweddar Ieuan Fardd. Wedi turio'n fanwl yn stordy'r argraffwr John Ross, darganfu hyd at bymtheg cyfrol o lawysgrifau barddol a hanesyddol. Byddai'n aml yn cyfeirio at ei lawysgrifau ef ei hun fel 'fy mhlant' ac yr oedd cael ychwanegu 'cywion' mor gyfoethog ac amrywiol atynt yn rhoi cryn foddhad iddo. Ond buan y troes ei lawenydd yn dristwch oherwydd ei brif orchwyl yng Nghaerfyrddin oedd bod yn dyst yn y 'treial mawr' a gynhaliwyd yn Neuadd y Gorfforaeth pan ddygwyd ei gyfaill, Tomos Glyn Cothi, gerbron Llys y Sesiwn Fawr a'i ddedfrydu gan y Barnwr George Hardinge i ddwy flynedd o garchar. Nid anghofiodd Iolo byth mo'r profiad digalon o weld y cyntaf o weinidogion Undodaidd Cymru yn cael ei hebrwng mewn cyffion drwy strydoedd y dref i'r ddalfa. Yr oedd Caerfyrddin yn ferw drwyddi, ac â chalon drom y cyfeiriodd Iolo, mewn llythyr at Owain Myfyr, at y fath 'lamentable occasion'. Yn ei siom a'i ddicter, trefnodd Iolo gyfarfod brys o'r Undodiaid hynny a fuasai'n llygad-dyst i'r achos llys a'r carchariad. Yn eu plith yr oedd Dr Charles Lloyd, Undodwr tanllyd a ddisgrifiwyd, yn gofiadwy iawn, fel 'a man of wonderful ability, bad temper, jealous to a degree, and always in hot water of his own boiling'. Ac yntau o'r un anian, gallai Iolo ymuniaethu â Lloyd yn rhwydd iawn. Un mwynach o lawer oedd Josiah Rees, gŵr diwylliedig a droes gynulleidfa Gellionnen yng Nghwm Tawe i gyfeiriad Ariaeth ac Undodiaeth. Yno hefyd yr oedd David Jenkin Rees, Lloyd Jack, ffermwr cyfoethog a chymwynasgar o Ddyffryn Aeron. Er nad oes gennym unrhyw fanylion ynglŷn â natur y drafodaeth, y mae'n rhaid bod yr Undodiaid selog hyn, dan anogaeth Iolo, wedi ystyried yn ddwys beth a ellid ei wneud i wrthsefyll yr erlid a'r gorthrwm a oedd yn bygwth eu dinistrio. Gan Iolo yr oedd yr ateb: yr unig ffordd o ddiogelu eu crefydd a'u hunaniaeth, ac yn wir i ledaenu eu ffydd, oedd sefydlu Cymdeithas o Undodiaid de Cymru. Hawdd dychmygu gwaed Iolo Morganwg yn twymo ac yn berwi drosodd wrth ddwyn i gof achosion o erledigaeth dros y degawd blaenorol, a chyn pen dim yr oedd y pymtheg a oedd yn bresennol (gan gynnwys Iolo ei hun) wedi ymrwymo i sefydlu'r cyfryw Gymdeithas. Nodwyd eu henwau gan Iolo ac agorwyd pennod newydd yn hanes gwrth-drindodaeth yng Nghymru.

Cyn adrodd hanes y bennod honno, rhaid ceisio esbonio paham yr oedd Iolo a'i gyd-Undodiaid ac Ariaid erlidiedig mor awyddus i sefydlu Cymdeithas a fyddai'n noddfa iddynt rhag y drycinoedd o'u cwmpas. Gellir dirwyn y gwreiddyn yn ôl i'r 1720au pan oedd Thomas Perrot, brodor o Lanybri, yn bennaeth academi Caerfyrddin. Gŵr rhyddfrydol ei natur oedd Perrot, ac yn sgil ei ddylanwad ef dechreuodd rhai o'i fyfyrwyr mwyaf chwilfrydig amau, a dadlau ynghylch, ddilysrwydd y traddodiad Calfinaidd. Un o'r rhai ymholgar hyn oedd Jenkin Jones o Lanwenog, a chyn pen dim yr oedd yn pregethu syniadau 'anuniongred' yn hen ffermdy Pen-y-banc. Pan gyhoeddodd Jones *Y Cyfrif Cywir o'r Pechod Gwreiddiol*, gwaith a oedd yn gwadu Calfiniaeth, ym 1729, dechreuwyd 'Y Ddadl Fawr Arminaidd' o ddifrif. Caewyd pulpud Pantycreuddyn yn erbyn Jones gan y gweinidog Calfinaidd, James Lewis, a chafwyd dadleuon llafar a phrintiedig brwd a checrus. O ganlyniad, rhwygwyd sawl eglwys, gan ennyn ymateb blin iawn o du Presbyteriaid ac Annibynwyr fel ei gilydd. Honnodd Simon Thomas, Presbyteriad llym a fagwyd yn y Cilgwyn ym mhlwyf Llangybi, fod yr Arminiaid megis 'grug yr anialwch, y crasdir sych sy'n cytuno orau â hwy', ac arswydai Phylip Pugh, yntau o'r Cilgwyn, rhag 'y ddyfais newydd mewn crefydd'. Am y tro cyntaf er dyddiau'r Archesgob Laud, felly, yr oedd y consensws Calfinaidd dan fygythiad.

Digwyddiad mawr yn hanes twf rheswm a rhyddid barn yng Nghymru fu codi Eglwys Arminaidd Llwynrhydowen ym 1733 ar dir a oedd yn eiddo i Jenkin Jones, ac erbyn i Iolo Morganwg gael ei eni ym mis Mawrth 1747 yr oedd o leiaf chwe eglwys Arminaidd yn britho'r ardal rhwng afonydd Aeron a Theifi, ardal a ddeuai'n adnabyddus ledled Cymru maes o law fel 'Y Smotyn Du' – disgrifiad anhyfryd a briodolir i Fethodistiaid Calfinaidd y fro. Yr oedd syniadau rhyddfrydig hefyd ar gerdded yn ardal Cefnarthen yn sir Gaerfyrddin ac ymhlith Arminiaid blaengar yng Nghwm-yglo a Chefncoedycymer ym Morgannwg. 'Pa beth fydd diwedd y pethau hyn?', meddai Phylip Pugh yn ofidus wrth wylio syniadau 'hereticaidd' yn lledu fel tân mewn to gwellt. Dan ddylanwad penaethiaid academi Caerfyrddin, yn enwedig Samuel Thomas, un arall o ddisgyblion Perrot, yr oedd Ariaeth ar gynnydd. Dilyn dysgeidiaeth Arius yn y bedwaredd ganrif a wnâi Ariaid, gan fynnu nad oedd Crist o'r un hanfod â'r Tad. Yn ardal 'Y Smotyn Du' cyrchai ffermwyr a chrefftwyr i Lwynrhydowen i wrando ar

13 Dafydd Dafis Castellhywel (1743–1827), gweinidog Anghydffurfiol ac ysgolfeistr uchel ei fri.

bregethau dysgedig a huawdl Dafydd Llwyd, Brynllefrith, ac i Alltyblaca i ryfeddu at danbeidrwydd yr Ariad efengylaidd, Dafydd Dafis, gŵr y cafodd llawer o feibion disglair le i ddiolch iddo am y fraint o gael eistedd wrth ei draed yn 'Athen Ceredigion', sef ei ysgol enwog yng Nghastellhywel. Ofnid y 'Sentars sychion' honedig hyn nid yn unig oherwydd eu syniadau anuniongred ond hefyd am eu bod yn brwydro dros gyfiawnder mewn sawl maes. Yn ystod oes yr Ymoleuo, credai'r Anghydffurfwyr rhesymegol hyn ei bod yn ddyletswydd arnynt i chwifio baner rhyddid, i ymhyfrydu yn naliadau'r chwyldrowyr yn America a Ffrainc, ac i annog pobl i feddwl drostynt eu hunain, i gyfnewid syniadau, ac i beidio â bod yn wasaidd ac yn fud. 'Rhydd i bob dyn ei farn ac i bob barn ei llafar' oedd eu harwyddair, ac i Eglwyswyr ac Uchel-Galfiniaid fel ei gilydd yr oedd y fath neges yn anathema.

Fel y dengys sawl fersiwn o'i hunangofiant anorffenedig, trofaus iawn fu taith ddiwinyddol ac ysbrydol Iolo Morganwg. Yn ystod cyfnod yr ymbalfalu, sef rhwng adeg marwolaeth ei fam ym 1770 a sefydlu Gorsedd Beirdd Ynys Prydain ym 1792, y bathwyd y geiriau Cymraeg 'hunanadnabyddiaeth' a 'hunanymwybodol', a dyma'r cyfnod y bu Iolo yn ceisio darganfod gwirioneddau crefyddol a mynegi ei unigolyddiaeth. Fe'i magwyd, wrth gwrs, yn yr Eglwys Wladol. Ymbriododd â Margaret (Peggy) Roberts yn Eglwys Llan-maes ym mis Gorffennaf 1781, ac yn eglwysi plwyf Trefflemin a Llan-maes y bedyddiwyd eu pedwar plentyn. Ond trwy deithio i rannau o dde Lloegr i ddilyn ei grefft fel saer maen, a thrwy ddarllen yn wancus, daeth i gredu bod daliadau'r Eglwys yn gyfeiliornus a bod holl awyrgylch a naws ei gwasanaethau yn atgas. Cyfansoddodd lawer o gerddi yn ymosod ar offeiriaid meddw a llygadog, a hawdd credu bod gorfod treulio blwyddyn gron fel dyledwr yng ngharchar Caerdydd ym 1786–7 wedi dyfnhau ei gasineb at y drefn wladwriaethol ac eglwysig. Pwysicach na dim, serch hynny, oedd dylanwad rhai o feirdd diwylliedig a phur radical eu natur a oedd yn byw ym Mlaenau Morgannwg, yn enwedig Lewis Hopkin, John Bradford ac Edward Evan. Yr oedd y gwŷr diwylliedig hyn yn ymhyfrydu yn eu treftadaeth ysbrydol a llenyddol. Disgrifiwyd Bradford gan William Thomas o Lansanffraid-ar-Elái fel 'a great Disbuter and a Nominated Deist, or a free thinker', ac meddai rhyw gurad gofidus am ddilynwyr Edward Evan yn Aberdâr, 'they love to be Dissenters'. Y mae'n ddiau mai gan y crefftwyr a'r ffermwyr Anghydffurfiol radical hyn y dysgodd Iolo i ymwrthod â seiliau Calfiniaeth a'r math o ddiod gwsg a gynigid gan offeiriaid eglwysig a phregethwyr Methodistaidd. Meddai Iolo am John Bradford: 'Yr oedd S[iôn] Bradford wedi rhoddi ysgydwiad nerthol i fy marn drindodaidd i a chwedi peri anesmwythder meddwl nid bychan immi.' Ni allai ddygymod â 'Phlaid Calfin gerwin eu geiriau' a chyfeiriai at ei gymdogion Methodistaidd yn Aberthin fel 'plant y Diawl'. Gan ogwyddo fwyfwy at y math o grefydd a elwid gan Pantycelyn yn 'ddeall y talcen', troes yn y lle cyntaf at Ariaeth. Bu hefyd yn ymhél â rhai o syniadau'r Crynwyr, ond ei brif obsesiwn o 1788 ymlaen oedd dysg a chrefydd y derwyddon. Daeth i gredu mai dim ond ef ac Edward Evan, sef yr olaf o'r beirdd derwyddol ym Morgannwg, a allai gyfleu hanfod y datguddiad dwyfol a roddwyd i ddynolryw ar ffurf crefydd a dysgeidiaeth y Derwyddon.

Erbyn i Iolo fynd i Lundain ym 1791 i chwilio am danysgrifwyr i'w alluogi i gyhoeddi *Poems, Lyric and Pastoral* (1794), yr oedd ei ben yn berwi â syniadau. Ymddiddorai yn syniadau Deistaidd ei gyfaill David Williams, yn y 'Theophilanthropia' a ddeilliai o Ffrainc, yng nghredo'r Crynwyr ynglŷn â'r 'goleuni mewnol', heb sôn am grefyddau'r Dwyrain Pell. Ond er mai eclectig iawn oedd ei gredo ar ddechrau'r 1790au, y mae'n gwbl amlwg ei fod wedi cefnu'n llwyr ar drindodaeth. Os bu ganddo gyffes ffydd erioed, y mae'r englyn hwn o'i eiddo cystal mynegiant ohoni â dim:

> Un Duw sydd, un ffydd hoff addfwyn – yn bod,
> Un bedydd iawn ymddwyn, ymgyflwyn
> Un gwir rhag cam i'n hamddwyn,
> Un yspryd cariad mâd mwyn.

Yr oedd yn effro iawn i ddadleuon diwinyddol yr oes, a thrwy gynnal gorseddau yn rheolaidd o 1792 ymlaen a thrwy fynychu Tŷ Cwrdd Stryd Essex, Llundain, lle yr addolai gwrth-drindodwyr dan ofal tadol Theophilus Lindsey, 'tad Undodiaeth' yn Lloegr, cadarnhawyd ei gred mai undod, yn hytrach na thrindod, yw Duw. Ymhlith yr ysgrifau toreithiog a luniodd yn ystod y 1790au ceir cyfeiriadau mynych at dri hanfod pennaf Duw – Grym Tragwyddol, Gwybodaeth Dragwyddol, Daioni a Chariad

14 Theophilus Lindsey (1723–1808), tad y mudiad Undodaidd yn Lloegr.

Tragwyddol – ac at 'the Great, infinite, all-powerful, all-knowing, all-pervading intellect, or the Deity, God'. Hogwyd min ar ei feddwl drwy ymgyfeillachu ag Undodiaid radical fel George Dyer a Gilbert Wakefield, a mawr fu ei ofid pan benderfynodd un o'i arwyr, Joseph Priestley, ymfudo i America ym 1794 a phan alltudiwyd Thomas Muir a Thomas Fyshe Palmer, dau Undodwr 'peryglus' o'r Alban, i Fae Botany am fradwriaeth. Erbyn hyn yr oedd Iolo yn arddel yr enw 'Bardd Rhyddid', yn cyfarch y dduwies 'Rhyddid' yn seremonïau'r Orsedd, ac yn dangos y math o wydnwch radical a blaengar a fyddai, yn y pen draw, yn newid natur gwleidyddiaeth yng Nghymru. Am ryw reswm anesboniadwy, nid oedd gan Griffith John Williams, ein prif awdurdod ar bethau Ioloaidd, fawr o olwg ar ddiddordebau politicaidd Iolo: 'yn wir', meddai, 'gwleidydd nwydwyllt a simsan a gweglyd fu o gyfnod y Chwyldro Ffrengig hyd ei fedd'. Ond nid dyna'r darlun a geir ym mhapurau Iolo yn Llyfrgell Genedlaethol Cymru: ymrwymodd yn llwyr yn ystod y cyfnod hwnnw i'w weledigaeth dderwyddol, ei ddaliadau Undodaidd, ei gasineb at grefft brenin (*kingcraft*), offeiriadaeth (*priestcraft*) a rhyfel, ac i'r gwaith o ddiogelu hawliau a iawnderau dyn. Glynodd yn ddiwyro wrth y broffes hon ac o ganlyniad y mae iddo le o bwys yn hanes y frwydr yn erbyn 'Hen Lygredd'.

Nid pawb sy'n cofio bod arddel Undodiaeth yn gyhoeddus yn anghyfreithlon tan 1813. Dan amodau Deddf Goddefgarwch 1689 ni châi gwrth-drindodwyr yr un rhyddid a manteision ag Anghydffurfwyr eraill. Ychwanegodd Deddf Cabledd 1698 at eu pynnau drwy eu gwahardd rhag dal swyddi cyhoeddus a hyd yn oed eu barnu'n anghymwys i fanteisio ar hawliau cyfreithiol. Yn wir, dan y gyfraith yr oedd yn bosibl carcharu gwrth-drindodwr am hyd at dair blynedd. Ceisiwyd unioni'r cam hwn drwy gyflwyno deiseb i'r Senedd ym 1792, ond fe'i gwrthodwyd yn ddiymdroi. O ganlyniad, hawdd iawn oedd drygu enw da Ariaid neu

Undodiaid drwy eu portreadu fel anffyddwyr neu fradwyr. A phan fyddai esgob digydymdeimlad yn rhybuddio clerigwyr, ustusiaid ac ysbiwyr i fod ar eu gwyliadwriaeth, yn enwedig ar ôl i'r rhyfel rhwng Prydain a Ffrainc ddechrau ym mis Chwefror 1793, peth hawdd oedd syrthio i grafangau'r gyfraith.

Yn y dyddiau hynny dim ond Saeson, Sgotiaid a Gwyddelod a fernid yn ddigon abl a chymwys i lenwi cadair esgob yng Nghymru, ac ymhlith y brodyr mwyaf anrasol erioed i fod yn esgob Tyddewi oedd Samuel Horsley. Gelyn anghymodlon i bob gwrth-drindodwr oedd yr uchel-eglwyswr hwn, ac oherwydd ei wrthwynebiad i radicaliaeth wleidyddol fe'i gelwid yn 'Grand Mufti'. Gwyddai Horsley yn dda am y peryglon a oedd yn ymhlyg yn nhwf Ariaeth ac Undodiaeth yn ei esgobaeth yn ystod y 1790au cynnar, yn enwedig yn ardal 'Y Smotyn Du' ac yn nhref Caerfyrddin, a gwrthododd ordeinio unrhyw ymgeisydd am yr offeiriadaeth a fuasai'n ddisgybl i Ddafydd Dafis yng Nghastellhywel. Mewn cyfres o bamffledi treiddgar protestiodd David Jones o Lanymddyfri, gweinidog gyda'r Undodiaid yn Llundain a Birmingham a ysgrifennai dan y ffugenw 'Welsh Freeholder', yn chwyrn yn erbyn ymosodiadau Horsley ar syniadau Joseph Priestley ac, fel y cawn weld, yr oedd gŵr fel Tomos Glyn Cothi, a adwaenid fel 'Priestley Bach', wrthi'n ddiwyd yn yr esgobaeth yn y 1790au cynnar yn poblogeiddio Priestleyaeth drwy gyhoeddi pregethau a llyfrau Cymraeg. Ar sail ei Seisnigrwydd, ei geidwadaeth a'i natur ddialgar y condemniai Iolo 'the cursing and swearing Horsley'. 'The Bishops of Wales are not *Welsh Bishops*', meddai, 'they know nothing of the Language of the Welsh Bible.' Credai mai nod pennaf Horsley a'i offeiriaid oedd 'gosod palfau llygredigaeth ar bob peth . . . pob gwirionedd, pob cyfiawnder, a phob braint naturiawl i ddyn a welir yn glwyfus gan ol eu crafangau cigweinaidd'. Peth arswydus, meddai, oedd gweld esgob Dewi yn arwain 'tali-ho' yn erbyn

Undodiaid ac yn annog ei fytheiaid i'w llarpio. Tra oedd ar daith drwy sir Gaerfyrddin ym mis Mehefin 1796, ni allai Iolo lai na chredu bod nod y bwystfil ar Balas yr Esgob yn Abergwili:

> God made man in his own image, we are told; but why were we not cautioned by the same writer that the Devil made also at Abergwily a brute animal resembling man in his own image: the Bishop of St Davids lives at Abergwily. I feel indignant!! o! that I could Consign this Parish, Bishops and all, for a while, to the slave traders! I had almost said, to the D—l.

Mewn drafft o lythyr y bwriadodd Iolo ei anfon at Theophilus Lindsey ym mis Chwefror 1797, aeth i eithafion unwaith eto drwy adrodd am y dychrynfeydd a achosid gan elynion Calfinaidd. Ac yntau'n cyfaneddu 'that Wilderness in which we have been driven by the fury of the Great Dragon', hawdd y gallai bentyrru enghreifftiau o'r modd yr oedd Methodistiaid Calfinaidd yn cynllwynio yn erbyn gwrth-drindodwyr ac yn bygwth nychu ei obaith o weld 'a Glorious Unitarian Church in Wales'. Fel y dengys ei gerdd ddeifiol a chellweirus 'A Jumper's Hymn', ymosodai'n gyson ar 'y Neidwyr' a'r 'Poethyddion' a deithiai'r wlad, gan annog gwerin-bobl i neidio mewn llawenydd ysbrydol yn hytrach nag ymddiried yng ngrym rheswm. O na ellid wrth grocbren digon cadarn neu, yn well fyth, lafn gilotîn i dorri eu crib yn llythrennol! 'Ystyriwn Cawrfolerwyr a welir yn ein plith, sef y Pregethwyr Bolclawdd, Bloeddwyr torfreision a bwysant gymmaint a chrynfynydd. Pa raff? Pa grogwydden a gaem yn ddigon cryf at y gwaith?' Ymhlith ei bapurau amrywiol ceir rysáit ar gyfer llunio 'Gwir Fethodist', sef dwy lond llaw o berlysieuyn o Ragrith ac o wreiddyn Balchder Ysbrydol, dwy owns o Uchelgais, Ymffrost a Haerllugrwydd, a chwe chwart o Ddagrau Ffuantus. Rhwng popeth, byddai Iolo Morganwg wedi dewis marw yn golledig yn hytrach nag ymuno â rhengoedd 'the greatest pest of all true Religion'.

Fel y gwyddys, yr oedd teimladau gwrth-Fethodistaidd yn bur gyffredin ar ddiwedd y ddeunawfed ganrif, yn enwedig ymhlith dilynwyr Tom Paine, ond yn achos Iolo yr oedd yr ysfa i fflangellu disgyblion Howel Harris yn codi yn benodol o'r ymdderu a oedd yn digwydd ym Mro Morgannwg. Nid nepell o Drefflemin trigai dau Fethodist yn ardal Sain Tathan, sef y ffermwr Thomas William a'r cylchwr John Williams (y naill a'r llall yn emynydd). Cofiwn yn arbennig am Thomas William fel cyfansoddwr emynau mawr fel 'O'th flaen, O Dduw, 'rwy'n dyfod' ac 'Adenydd fel c'lomen pe cawn'. Yr oedd y ddau hyn yn addoli yn nhŷ cwrdd Aberthin, ger Y Bont-faen, lle yr oedd cynulleidfa gymysg o Fethodistiaid, Annibynwyr, Sandemaniaid a Sabeliaid ('Tinkers, Thatchers, Weavers, and all other Vermin', yn ôl un eglwyswr blin) yn cyd-fyw yn ymddangosiadol heddychlon. Ond aeth pethau o chwith ym 1791 pan ddiarddelwyd y Methodist, Peter Williams, yn Sasiwn Llandeilo am Sabeliaeth honedig. Yr oedd Sabeliaeth yn seiliedig ar athrawiaeth Sabellius, diwinydd o'r drydedd ganrif a honnai fod tri pherson y Drindod yn ddim byd mwy nag agweddau ar y Bod Dwyfol. Caewyd pob drws a phulpud Methodistaidd yn erbyn Peter Williams, gan achosi cryn ddrwgdeimlad a chynnwrf yn ardal Aberthin ac, yn wir, mewn sawl cylch arall yn ne Cymru. Bu Iolo ei hun yn llygad-dyst i olygfeydd stormus iawn ym 1797 pan ddwysaodd yr helynt yn Aberthin rhwng y Sabeliaid a'r gweinidog Methodistaidd, David Davies o Raeadr Gwy, un o gyn-fyfyrwyr Coleg Trefeca. Pan gymerwyd llais yr eglwys cafwyd bod gan y Sabeliaid fwyafrif sylweddol ac, yn sgil hynny, gofynnwyd i Davies ymddiswyddo. Ffromodd yntau ac, yn ôl Iolo, aeth ati'n fwriadol i bregethu trindodiaeth 'with might and main' er mwyn cynhyrfu'r mwyafrif Sabelaidd. Ymosodai ar ddilynwyr Priestley, gan beri i'w gefnogwyr milain floeddio, 'Tarewch ymennydd y gigfran ddu' ac 'fe'u rhwygwn yn ddarnau'. Un bore Sul hebryngodd Davies bregethwr Methodistaidd i'r tŷ cwrdd, ynghyd â chiwed o 'red hot church-and-kingists', chwedl Iolo. Torrwyd y drws i lawr â bwyeill a rhuthrodd y *mob* i mewn:

> Davies entered the pulpit, led in the Methodist preacher, whom he stuck up an end by his side. Davies instantly bawled out praise to the three external existences (wallice Tri thragwyddol hanfod) for enabling him and his adherents to enter the Den of thieves and Heretics, and drive them out. I shuddered for a moment. I felt it horrible.

Gorfodwyd y mwyafrif Sabelaidd i ymadael â'r tŷ cwrdd, er mawr loes i Iolo, gan ei fod wedi gobeithio y byddai Eglwys Aberthin yn datblygu i fod yn un o ganolfannau Undodiaeth ym Mro Morgannwg. Gwirfoddolodd i ddwyn yr achos i sylw Undodiaid dylanwadol, megis Theophilus Lindsey, yn Llundain, a bu hefyd yn cynghori'r Sabeliaid ynglŷn â dwyn achos yn erbyn y trindodiaid erlitgar. Ar ran John Williams, ysgrifennodd Iolo lythyr at William Humphreys, Alltgraban, Llantrisant, yn gofyn a fyddai achos yn Llys y Siawnsri yn debygol o lwyddo ac yn cyfiawnhau'r gost o fynd i'r gyfraith oherwydd 'a long protracted Lawsuit is in our opinion too vexatious and too dangerous to think of persisting in'. Yn y diwedd, penderfynwyd y byddai'n rhatach iddynt godi tŷ cwrdd newydd. Ond, er dirfawr siom i Iolo, pan sefydlodd Thomas William achos enwog Bethesda'r Fro ym 1806, yn enw'r Annibynwyr y gwnaeth hynny.

Ond os gyrrid yr Undodiaid o bant i bentan gan esgobion a Methodistiaid Calfinaidd, nid oedd hynny'n ddim o'i gymharu â'r dioddefaint a achosid gan rym gweision y wladwriaeth a gwŷr y gyfraith. Dyddiau dreng i bob radical oedd 'Oes Arswyd' William Pitt ac yn ystod y pedair blynedd gythryblus a dreuliodd Iolo yn Llundain rhwng

1791 a 1795 cafodd brofiad uniongyrchol o draha y 'Church and King mobs', a phe na bai wedi symud i fan diogel ei bentwr o ysgrifau tanllyd a chableddus am frenin, gwlad ac eglwys y mae'n weddol sicr y byddai'r Cyfrin Gyngor wedi ei erlyn a'i garcharu. O 1792 ymlaen, yn wyneb haul llygad goleuni, byddai ef a'i gyd-Jacobiniaid Cymreig yn Llundain yn defnyddio cyfundrefn dderwyddol Gorsedd y Beirdd i hyrwyddo neges Tom Paine, sef bod Duw wedi creu dyn yn rhydd a chyfartal. Byddai'n cyfarch y dduwies 'Rhyddid' ac, fel pob Bardd wrth Fraint a Defod Ynys Prydain gwerth ei halen, gofalai na fyddai'r un o'r gorseddogion yn cario cleddyf noeth yng ngŵydd eraill. Cydiodd ei syniadau yn nychymyg y Gwyneddigion mwyaf llengar a radical, ond buan y dechreuodd ustusiaid ac ysbiwyr wasgu'n dynn ar sodlau Jacobiniaid a *sans-culottes* honedig, gan orfodi Iolo i ddychwelyd i Forgannwg ym 1795 i geisio argyhoeddi'r Cymry mai sail y grefydd batriarchaidd dderwyddol oedd rhyddid, heddwch a chydraddoldeb. Agorodd siop yn Y Bont-faen lle y gwerthai de, siocled, siwgr, hetiau ac, yn bennaf oll, lyfrau radical gan Godwin, Paine, Voltaire ac eraill. Chwaraeai mig ag ysbiwyr y dref, gan gynnal cyfres o orseddau ar Fryn Owain a Mynydd y Fforest ger Y Bont-faen, ar Fynydd y Garth, ger Llanilltud Faerdref, ac yng Nglynogwr.

Un o'r rhai a wahoddwyd i'r orsedd gyntaf, a gynhaliwyd ar Fryn Owain ar 21 Mawrth (Alban Eilir) 1795, oedd Tomos Glyn Cothi, gweinidog Tŷ Cwrdd Cwm Cothi, Brechfa, y capel Undodaidd cyntaf i'w godi yng Nghymru, a gŵr a oedd eisoes yn hysbys fel cyfieithydd gweithiau gan Priestley a Lindsey ac a ddeuai'n enwocach fyth fel golygydd y cylchgrawn ymfflamychol *The Miscellaneous Repository or Y Drysorfa Gymmysgedig*, yr ymddangosodd tri rhifyn yn unig ohono rhwng haf 1795 a Mawrth 1796. Cymaint oedd parch Tomos Glyn Cothi at gewri cynnar Undodiaeth Seisnig fel y bedyddiodd ddau o'i fechgyn yn 'Joseph

15 Portread o Iolo Morganwg gan William Owen Pughe ym 1805.

Priestley Evans' a 'Theophilus Lindsey Evans'. Dau enaid hoff gytûn oedd Iolo Morganwg a Thomos Glyn Cothi: dau grefftwr (y naill yn saer maen a'r llall yn wehydd), dau werinwr (Ned y Masiwn a Thwm Penpistyll), a dau radical ('Bardd Rhyddid' a 'Priestley Bach'). Er eu bod yn gallu manteisio ar yr annibyniaeth a oedd ynghlwm wrth eu crefft (nid oedd raid iddynt, er enghraifft, ufuddhau'n ddigwestiwn i landlordiaid), byw yn gynnil a wnâi'r ddau – 'byw ar y geiniog', 'byw wrth fin y cleddyf', chwedl Iolo. Rhwng 1795 a 1803 buont yn gyfeillion pennaf, gan addunedu i hyrwyddo Undodiaeth trwy daenu gwybodaeth, goleuni a gras. Dengys *Geiriadur Prifysgol Cymru* mai Tomos Glyn Cothi oedd y cyntaf i ddefnyddio'r gair 'Undodiaid' mewn print, sef ym 1792: 'gair o gyfarwyddyd ac annogaeth i bawb Undodiaid' oedd yr ymadrodd, a phan aethpwyd ati i adeiladu'r tŷ cwrdd bychan yng Nghwm Cothi gyda chefnogaeth ariannol Theophilus Lindsey ac eraill, cerfiodd Iolo lechen o garreg ac arni'r geiriau, 'I ni nid oes ond un Duw y Tad', a'i gosod uwchben y porth.

Ond yr oedd mwy na chrefft ac Undodiaeth yn clymu'r deuddyn hyn ynghyd. Un ohonynt oedd eu serch at lenyddiaeth Gymraeg. Ymhyfrydent yn eu henwau barddol a dengys eu llawysgrifau eu bod yn copïo barddoniaeth ei gilydd. Testun balchder i'r ddau ohonynt oedd disgleirdeb y traddodiad barddol Cymraeg, a phan fyddai Iolo yn teithio i sir Gaerfyrddin i gasglu gwybodaeth amaethyddol, neu i chwilio am lawysgrifau, neu i gynnal gorseddau ac eisteddfodau answyddogol, câi groeso twymgalon yng Nghwm Cothi bob amser. Cyfeiriai Tomos Glyn Cothi ato fel 'Ail Miltwn':

I'm Caban egwan agwedd – da gennyf,
    Dy ganfod wr haeledd,
  Gwell na gwin i'm min a medd,
  Dy odlau rhannau rhinwedd.

Manteisiwr digywilydd ar haelioni eraill oedd Iolo Morganwg, ac ymhlith atyniadau aelwyd Penpistyll yr oedd casgliadau cyfoethog o waith y Cywyddwyr a drawsysgrifiwyd gan Iaco ab Dewi, y copïwr meudwyaidd o Lanllawddog, a Ben Simon, y bardd a'r rhwymwr llyfrau o Abergwili. Goleuodd llygaid Iolo pan welodd am y tro cyntaf 'Tlysau'r Beirdd wedi ei gasglu trwy fawr ddiwidrwydd ac astud fyfyrdawd Benjamin Simon Bardd o Abergwili', cyfrol a brynwyd gan Domos Glyn Cothi ym 1790. Treuliai'r ddau oriau difyr yn darllen ac yn trafod cerddi gan Gutun Owain, Dafydd Nanmor, Siôn Cent, Siôn Tudur ac eraill, a hefyd yn canmol gorchestion arwyr y gorffennol, 'ein Hen Wrolion ardderchawg', chwedl Iolo, yn eu plith 'Caradawc ap Brân', Arthur, ac Owain Glyndŵr, 'y mwyaf o'n mawrion . . . yn erbyn gelynion gormesgar y Cymry'. Drwy fod yn deyrngar i'r traddodiad barddol a thrwy ddathlu clod arwyr hanesyddol, ceisiai'r ddau grefftwr hunanaddysgedig hyn ddiogelu cof y genedl.

Ond yr oedd ystyriaeth bwysig arall, ar wahân i ddiogelu'r Gymraeg ac adfer cerdd dafod a hanes Cymru, yn peri i Domos Glyn Cothi fynychu gorseddau ac eisteddfodau Iolo, sef y cyfle i ddwyn sylw'r cyhoedd at egwyddorion y ddau chwyldro yn America a Ffrainc ac i danio eu dychymyg gwleidyddol. Mewn oes pan oedd llai na phump y cant o'r boblogaeth â'r hawl i fwrw pleidlais mewn etholiad, a phan oedd llais y werin-bobl ar faterion gwleidyddol bron yn gyfan gwbl fud, cyflwynai'r Undodiaid cynnar hyn ieithwedd newydd. Y geiriau a glywid amlaf ar dafod Iolo oedd rhyddid, gwirionedd, cyfiawnder, cymwynasgarwch a heddwch. Ei hoff wireb, fel y gŵyr pawb, oedd 'Y Gwir yn erbyn y Byd', a da y gwyddai Tomos Glyn Cothi yntau am werth hanfodol 'carwyr y gwirionedd'. Ymhlith y testunau barddol y bu'r ddau, ynghyd â'u cyfeillion radical, yn canu arnynt yn seremonïau'r orsedd rhwng 1795 a 1799 yr oedd 'Brawdgarwch', 'Cariad Brawdol', 'Celwydd', 'Celfyddyd

Rhyfel', 'Gorchestion Brenhinol', 'Gwybodaeth', 'Heddwch', 'Rhyddid Crefyddol' ac 'Oes y Crinwas Gwaedgar'. Y nod oedd ennyn tân rhyddid yn y Cymry a'u cymell i gydio yn y ddemocratiaeth newydd a bregethid gan Tom Paine a'i ddilynwyr. Llais Paine sydd i'w glywed yng ngherdd Iolo, 'Breiniau Dyn', cerdd a ddatganwyd ganddo'n groch mewn sawl gorsedd o 1793 ymlaen. Wele un o'i deunaw pennill:

> Clyw'r Brenin balch di râs,
> A thi'r offeiriad brâs,
> Dau ddiawl yng nglŷn.
> Hir buoch fel dau gawr,
> I'r Byd yn felldith fawr,
> Gan roddi'n llaid y llawr
> Holl freiniau dŷn.

I'r gweriniaethwyr tanbaid a gwladgarol hyn, caneuon 'barbaraidd' oedd 'God save the King', 'Rule Britannia' a 'The Roast Beef of Old England', a lluniodd Iolo gannoedd o drioedd bachog a chofiadwy er mwyn sicrhau bod ei neges yn cyrraedd clustiau gwerin gwlad ac yn porthi'r ymdeimlad o hunaniaeth Gymreig:

> Tri pheth ni ddiflanant fyth,
> Cyfoeth Ffrainc, Porfeldir Cymru, a Thwyll y Saeson.
>
> Tri pheth goreu po leiaf o honynt yng Nghymru,
> Tlodi, Pechod, a Sais.
>
> Tri pheth y sy'n ymborth ar waed,
> Chwannen, Rhyfelwr cyflog, a Sais.

Un Sais a oedd yn arbennig o wrthun i'r ddau ohonynt oedd y Prif Weinidog, y 'cigydd annedwydd' a elwid yn William Pitt, neu 'Y Gwir Ddianrhydeddus William Pitt', chwedl Tomos Glyn Cothi. Dygwyd Iolo gerbron Pitt a'r Cyfrin Gyngor ddwywaith pan oedd yn byw yn Llundain, ac ar ôl dychwelyd i Fro Morgannwg ysgrifennodd lythyr maith ato yn cwyno'n arw ynghylch effeithiau andwyol ei bolisïau economaidd ar werin-bobl Cymru. Bu Tomos, yntau, yr un mor finiog:

> Pitt, iauwr, llethwr â llwythi – gwarau
> Gwerin mewn caledi.
> Pwll uffern, pwy eill hoffi
> Dy oer droeon duon di?

Rhwng difrif a chwarae sonient am y 'Bottomless Pitt', a phan fu farw Pitt ym 1805 ffarweliodd Iolo ag ef drwy gyfansoddi un o'i ddarnau dychanol mwyaf crafog.

Erbyn canol y 1790au hefyd yr oedd profion ddigon fod Eglwys Loegr dan y lach. Gwelsom eisoes fod yr Esgyb Eingl yn ffiaidd yng ngolwg Cymry twymgalon, ac yr oedd gan Iolo a Thomos bethau miniog a ffraeth i'w dweud am arfer Eglwys Loegr o gynnal Dydd Ympryd neu Ddydd o Ddiolch i ddathlu gwrhydri neu fuddugoliaeth ar dir a môr. Brithir papurau Tomos Glyn Cothi â sylwadau dychanol a brathog ar y morio canu Prydeinig a glywid ymhlith gwleidyddion, esgobion ac offeiriaid ar Ddydd Ympryd:

> Y Gredo Wladol
> i'w darllain yn wastad ar ôl Credo St. Athanasiws, ar yr uchel wyliau Canlynol, sef Gwyliau St Pitt, St Dundas, St Windam, St Wilberforce, St Horsley, St Grenvil, St Burke, St George etc etc.

Yn nhyb Iolo, nid oedd ball ar drachwant offeiriaid:

> Tri llwngc nis digonir byth: llwngc môr, llwngc angau, a llwngc offeiriad.

Ac yn y 'Salm Newydd', a ganwyd ganddo yng ngŵydd y gorseddogion ym 1797, yr oedd yn gwbl ddigymrodedd ei farn ynghylch eu gorthrwm:

Offeiriad, ail offeryn
O dwyll diawl yn dallu dyn.
Gwelir hyn yn bwn beunydd,
Ar bawb, gorthrymwyr y bydd.
Rhuwr melldith rhagrithol,
Rhith ffydd yn anrheithiaw ffol.
Celwydd o ddichell calon
Coel ffydd ffug haerllug yw honn.

Gan y disgwylid i feirdd Ynys Prydain ymwrthod yn llwyr â rhyfel a thrais, âi Iolo a Thomos ar eu gliniau yn aml i weddïo dros heddwch a chyfiawnder:

> O Dduw'r trugaredd a'r tosturi! Tosturia wrth gyflwr gresynus dy greaduriaid; achub ddyn rhag dinystr. O! attal ffyrnigrwydd y rhai sydd yn ymbesgi ar waed, gan ymhyfrydu â gam ddefnyddio eu hawdurdod; a thraflyngcu tammaid y tlawd, a myned yn foethus ar lafur dy bobl; y rhai a wawdiant wrth ein blinfyd, ac a'n diystyrant yn ein trueni. O, cymmer ymaith y cleddyf dinystriol o'u dwylaw, a gwared y byd o dan orthrymder a gallu treiswyr.

Ond ar ôl i rai o filwyr Ffrainc lanio ar dir 'cysegredig' Prydain, sef yng Ngharreg Gwastad Abergwaun, ym mis bach 1797, bu'n rhaid i Iolo a'i gyfeillion droedio'n llawer mwy gofalus nag o'r blaen. Cadwai ysbiwyr Pitt lygad barcud ar bob gweriniaethwr a rhybuddiwyd Iolo y byddai ustusiaid heddwch yn ymweld â'i gartref er mwyn archwilio ei bapurau. Chwalwyd ei gynlluniau gorseddol gan ymyrraeth Gwirfoddolwyr Y Bont-faen ac ni chynhaliwyd yr un seremoni ym Morgannwg rhwng 1798 a 1814. Er bod Iolo yn fawr ei ddirmyg o'r fyddin ceiniog-a-dimai a anfonwyd gan Ffrainc ym 1797, yr oedd hefyd yn gwybod yn dda y byddai goruchafiaeth Ffrainc dros Brydain yn arwain at adfer Pabyddiaeth, heb sôn am unbennaeth a thrais. Dyna paham y cyfansoddodd gerdd ym 1798 yn canu clodydd

Gwirfoddolwyr Morgannwg ac yn pleidio eu hawl i amddiffyn eu tir rhag y 'diawl-ddyn' o Ffrainc:

> Syrth y Ffranc i dranc dyn drwg – ystyried!
> Os tiria'r Essyllwg,
> Awr derfyn gelyn yw gwg
> Aerguniaid Bro Morganwg.

Yr oedd Tomos Glyn Cothi, yntau, yn ingol ymwybodol o'r perygl o du Ffrainc, a lluniodd gerdd 'Ar Diriad y Ffrancod yn Abergwaun' i fynegi ei edmygedd o safiad gwrol y Cymry yn erbyn William Tate a'r *Legion Noire*. Felly, er bod Iolo Morganwg a Thomos Glyn Cothi byth a hefyd yn dweud pethau brathog ac annheyrngar am frenhinoedd, offeiriaid a gweision y llywodraeth, go brin eu bod yn cynllwynio'n fradwrus nac yn dymuno gweld gelyn pennaf Prydain yn ennill y dydd. Ond gan fod y ddau wedi cythruddo cynifer o bobl ddylanwadol, yr oedd y si yn dew fod y ddau Undodwr â'u bryd ar droi'r byd wyneb i waered. Dim ond disgwyl am eu cyfle yr oeddynt, yn ôl y sôn.

Gan fod gorseddau Iolo wedi peidio am y tro, gellir tybio iddo gael llonydd gan yr awdurdodau. Serch hynny, daliai i bentyrru mellithion am ben pob gelyn i ddemocratiaeth, a gwyddom fod Tomos Glyn Cothi yn hiraethu am ei gwmni 'diddanus ac adeiladol' ar ddiwedd y nawdegau. Ond chwalwyd gobeithion Tomos ar 19 Mawrth 1801 pan wysiwyd ef, ynghyd â dau gyfaill, i ymddangos gerbron Llys y Sesiwn Fawr yng Nghaerfyrddin i ateb cyhuddiad iddo ganu cerdd Saesneg ymfflamychol a bradwrus yn ystod cwrw bach ym Mrechfa ar y pumed o'r mis hwnnw. Yr oedd y gân, meddid, yn cynnwys pennill yn croesawu'r dydd pan fyddai gynnau Ffrainc yn taranu ar lannau Prydain a'r Brenin Siors III yn gorfod ffoi am ei einioes. Dygwyd y cyhuddiad yn erbyn Tomos Glyn Cothi gan George Thomas, crydd lleol a oedd yn dal dig yn erbyn ei weinidog. Ond yr oedd gweision y llywodraeth yng Nghaerfyrddin wrth eu bodd gan fod ganddynt bellach gyfle euraid i danseilio Undodiaeth yn y cylch drwy ddwyn ei phrif ladmerydd gerbron ei well. Ffug-gyhuddiad oedd hwn, yn ôl pob tebyg, ac os canodd Tomos Glyn Cothi gerdd weriniaethol ym Mrechfa Gymraeg ei hiaith y noson honno y mae'n llawer haws credu mai 'Cân Rhyddid', cyfieithiad Cymraeg Iolo Morganwg o'r 'Marseillaise', ydoedd. Beth bynnag am hynny, yr oedd dyfodol 'Priestley Bach' yn edrych yn bur dywyll, a thridiau ar ôl derbyn yr wŷs ysgrifennodd at Iolo yn erfyn am gyfarwyddyd ynglŷn â sut i baratoi ar gyfer yr achos llys: 'yr ydym mewn diffyg o gyfarwyddyd pa fodd i fyned yn y blaen . . . Nis gellwch yn hawdd ddirnad y fath ddyn yw George Thomas yr Informer'. Chwarae teg i Iolo, cerddodd bob cam o Fro Morgannwg i ardal Brechfa deirgwaith yn ystod y misoedd canlynol er mwyn casglu tystiolaeth gan dystion, i drefnu apêl am gefnogaeth ariannol i'r gweinidog, ei wraig a'u naw plentyn, a hefyd i lunio deiseb. Llwyddodd hefyd i gael barn gyfreithiol drwy fanteisio ar gysylltiadau John Prior Estlin, gweinidog yr Undodiaid yn Lewin's Mead, Bryste, â thwrneiod gorau Llundain. At hynny, gofalodd ei fod yn bresennol yn y llys ym mis Awst i dystio o blaid ei gyfaill. Fel mae'n digwydd, diolch i amryfusedd Iolo, yr oedd cwnsel Tomos Glyn Cothi wedi cael ar ddeall y byddai cryn nifer o bobl a fuasai'n bresennol yn ystod y cwrw bach yn fodlon tystio ar goedd na fu i'r gweinidog ganu unrhyw gerdd fradwrus yn Saesneg. Ond buan y daeth yn amlwg mai dim ond dyrnaid o'r tystion a hebryngwyd i'r llys gan Iolo a allai dyngu ar eu llw iddynt weld a chlywed dim o'r miri a ddigwyddodd ym Mrechfa. At hynny, yr oedd y Barnwr George Hardinge yn enwog am ei ragfarn yn erbyn dilynwyr Tom Paine ac am ei edmygedd o wrhydri arwyr Prydeinig fel yr Arglwydd Nelson. Nid oedd ganddo ddim cydymdeimlad ag Undodwr o Gymro: 'you are a man of a very bad and dangerous disposition', meddai wrth Tomos Glyn Cothi, cyn ei ddedfrydu i ddwy flynedd o garchar, i'w roi i sefyll mewn rhigod am awr gyfan ar ddau achlysur gwahanol, ac i dalu mechnïaeth o gan punt yn ernes o'i fwriad i gadw'r heddwch am hyd at saith mlynedd ar ôl ei ryddhau o'r ddalfa.

16 Portread o George Hardinge (1743–1816) gan Nathaniel Dance, y barnwr a ddedfrydodd Domos Glyn Cothi i ddwy flynedd o garchar ym 1801.

Anfonwyd apêl at yr Ysgrifennydd Cartref, ond syrthiodd ar glustiau byddar. Chwerwodd Tomos Glyn Cothi at bawb a phopeth – cyfeiriodd gwraig Theophilus Lindsey at ei 'unsubdued resentful mind' – ac, er i'r dirprwy siryf geisio ei arbed rhag y cywilydd cyhoeddus o ddioddef crechwen y dorf drwy ganiatáu i ddwy o'i ferched ifanc sefyll o boptu'r rhigod, dyfnhau a wnâi ei hunandosturi. Pan glywodd si tra oedd yng ngharchar Caerfyrddin fod ei wraig Ann yn godinebu â barcer o blwyf Lanegwad syrthiodd ef ei hun oddi wrth ras ym 1803 drwy ddechrau carwriaeth ag un (ni wyddys pa un) o bedair carcharwraig (*convict girls*) a oedd yn disgwyl llong i'w cludo i alltudiaeth yn Awstralia bell. Yn ôl David Davis, mab Dafydd Dafis Castellhywel, yr oedd hen hud y cnawd wedi ei lorio'n llwyr:

> can it be believed, that a man in possession of reason could have quietly witnessed a convict, tho' his mistress, throw a shovelful of live embers into the breast of a woman that was the mother of nine of his own legitimate children . . . This convict woman has her purse full of Silver and Gold . . . He continues in Gaol . . . from attachment to the girl and perhaps a shame of shewing his face to the world.

Felly hefyd oedd atgof Timothy Davis, ail fab Dafis Castellhywel, am Domos Glyn Cothi: 'He was a man of good natural abilities – but did not come out of jail with credit.' Yn naturiol, oerodd y berthynas rhyngddo a'i wraig, a dioddefodd gryn waradwydd gan drigolion Brechfa ar ôl ei ryddhau o'r carchar. Mewn llythyr trist a anfonodd at Iolo ym mis Gorffennaf 1804 dywedodd ei fod wedi cael ei drin fel 'bwystfil rheibus':

> Yr wyf yn awr er ys ysbaid o amser yn gweithio fy Nghrefft yn fy hên gymmydogaeth er mwyn gwneuthur fy ngoreu dros fy mhlant druain er mai y lle mwyaf

> atgas gennyf o un parth o'r byd yw yr ardal hwn. Am hynny chwi ellwch yn hawdd ddeall mai annedwydd dros ben ydwyf.

Mewn cerdd (a gopïwyd gan Iolo), yn dwyn y teitl 'Och! Wanllyd achwynllais', mynegodd ei ddyhead am gael 'ffoi trwy afon angau glas / O'r byd a'i atgas wagedd'. Ar sail hyn i gyd, hawdd y gellid tybio bod ymgais George Hardinge i daro Undodiaeth yn ei thalcen drwy garcharu ei gweinidog cyntaf wedi llwyddo. Ond nid felly y bu.

Gan fod cynifer o Eglwyswyr, Methodistiaid a gweision y Goron a'r Gyfraith fel petaent yn cydgynllwynio i ddifa Undodiaeth, yn union ar ôl dedfrydu Tomos Glyn Cothi i ddwy flynedd o garchar daeth pymtheg gwrth-drindodwr ynghyd rywle yng Nghaerfyrddin, yn eu plith Benjamin Phillips, Josiah Rees, David Jenkin Rees a Iolo ei hun, i addunedu y byddent yn torchi llewys er mwyn sefydlu Cymdeithas Undodaidd a fyddai nid yn unig yn diogelu ei haelodau rhag erledigaeth a rhagfarn ond hefyd yn hybu ei thwf a'i dylanwad. Os oes coel ar air Iolo – a chofier am ei fyfïaeth a'i awydd, megis Howel Harris yn achos Methodistiaeth gynnar, i fynnu mai ef oedd gwir sylfaenydd Undodiaeth yng Nghymru – ymddiriedwyd iddo ef y dasg o baratoi maniffesto. Byddai David Davis (mab Castellhywel) bob amser yn cyfeirio at Iolo fel 'ein Tad', ac ôl meddwl a dychymyg y dewin o Drefflemin sydd i'w canfod yn rheolau a threfniadau Cymdeithas Dwyfundodiaid Deheubarth Cymru a sefydlwyd yn swyddogol yng Ngellionnen ar 8 Hydref 1802. Pennaf nod y Gymdeithas hon oedd sefydlu strwythur weinyddol, trefnu teithiau cenhadol, a chyfieithu a dosbarthu llyfrau 'hardd, nerthol a chynhwysfawr' mewn ysbryd addfwyn a thangnefeddus: 'Tywallter a fynner o ffrwd a llifeiriant erlidigaeth ar ein hol ni ag yn ein herbyn. Gadawn a wnelo hynny i'r unig un a biau eu ceryddu, gan yma egnïo i oddef y cyfan yn amyneddgar, heb dalu drwg am ddrwg iddynt.' Ar ôl cael sêl bendith Theophilus Lindsey ar eu cynlluniau, ymddiriedwyd i Iolo y gwaith o lunio cyfieithiad Cymraeg o reolau'r Gymdeithas, ac fe'i cyhoeddwyd yn Llundain dan y teitl *Rheolau a Threfniadau Cymdeithas Dwyfundodiaid yn Neheubarth Cymru* (1803), gyda'r bwriad o ddatgelu i'r byd mai bwriad y Dwyfundodiaid (bathwyd y gair gan Iolo ac fe'i galwai ei hun o hynny ymlaen yn 'Fardd Dwyfundodiaid Deheubarth Cymru') oedd gwrthsefyll 'Ffrwd Anghrediniaeth, sydd wedi torri allan yn ein Gwlad, coledd achos y Grefydd Grist'nogol, amddiffyn ei gwirioneddau, chwilio allan ei chynhwysiadau, ac yn ol y deall a gaffom arnynt, rhoi'n meddyliau'n argraphedig o flaen ein Cydwladwyr, er dangos, yn oreu ag y medron iddynt, beth yw gwir athrawiaethau y Beibl, beth, mewn gwirionedd diddichell, a ddywedir wrthym am YR UNIG WIR DDUW ANGHYFNEWIDIOL . . . nid yw ond UN; UN yn ei Fodoldeb a'i Ansawdd; UN yn ei Rifoldeb; UN yn ei Enw'.

Honnai Iolo mai ef, yn anad neb, oedd prif saernïwr y Gymdeithas. Beth ond hynny sydd i gyfrif am y ffaith fod David Davis, a oedd bellach yn gweinidogaethu yng Nghastell-nedd ac yn ysgrifennydd y Gymdeithas, yn dawnsio tendans arno? 'Perish K—gs and Emp—s', meddai wrth ei arwr, 'but let the Bard of Liberty live.' Bu farw Josiah Rees ym 1804, ac erbyn hynny, ar ôl sefydlu tai cwrdd Undodaidd (y cyntaf o'u bath yn sir Aberteifi) ym Mhantydefaid a Chapel-y-groes ym 1802, yr oedd Dr Charles Lloyd wedi symud i Loegr i weinidogaethu. Ar ôl mis Mawrth 1805 peidiodd yr ohebiaeth rhwng Iolo a Thomos Glyn Cothi, ac y mae lle cryf i gredu nad oedd Iolo'n fodlon maddau i'w hen gyfaill am ei drythyllwch honedig yn nalfa Caerfyrddin. Golygai hyn fod modd i Iolo dorsythu fel 'Tad' y mudiad, prawf pellach, chwedl Ceri W. Lewis, 'o'r fyfïaeth wyrdroëdig a oedd yn un o nodweddion amlycaf ei bersonoliaeth'.

Ymhyfrydai Iolo yn fawr yn ei Undodiaeth ac nid arbedai

ei hun wrth geisio taenu ei daliadau. Yr oedd ei lais croch yn fwy hyglyw a phrotestgar na'r un arall yn ystod cyfarfodydd blynyddol Cymdeithas Dwyfundodiaid Deheubarth Cymru. Ni châi neb lonydd ganddo ac yr oedd byth a hefyd yn cynnig diwygiadau i'r drefn weinyddol ac yn cofnodi ei awgrymiadau mewn adroddiadau a gyhoeddid yn flynyddol yn y *Monthly Repository*. Bu'n amlwg iawn yn y gwaith o adeiladu rhwydwaith o achosion Undodaidd ymhlith yr haenau canol ym mhrif drefi Morgannwg a theithiai'n achlysurol hefyd i'r Smotyn Du i swcro preiddiau gwledig. Pan symudodd i Gefncribwr er mwyn i'w ferch, Margaret, agor siop ddillad yno, cafodd drwydded ym mis Mai 1817 i ddefnyddio'i gartref fel tŷ cwrdd Undodaidd. Llonnwyd ei galon gan sawl peth arall. Mawr oedd ei orfoledd, er enghraifft, pan gyfreithlonwyd Undodiaeth ym mis Gorffennaf 1813:

> Mae Pwyll yn awr o garchar hirnos
> Yn deffro mal o farw yn fyw.

Daeth awr fawr arall ymhen chwe blynedd pan lwyddodd Iolo, drwy gynnal gorsedd yng ngerddi gwesty Llwyn Iorwg, Caerfyrddin, i glymu'r orsedd wrth yr eisteddfodau taleithiol, gan dynnu blewyn yr un pryd o drwyn yr Esgob Thomas Burgess drwy roi cyhoeddusrwydd i'w ddefodau derwyddol-Undodaidd.

Ac yntau'n ŵr mor dymhestlog, nid oedd Iolo byth yn fodlon ar ddim, a threuliai oriau bwygilydd yn chwilio am ffyrdd o rymuso'r genhadaeth Undodaidd. Ofnai fod 'annhrefn gwyllt ac annoethineb amryfus' yn nychu gwaith y Gymdeithas, ac erbyn 1816, pan fu'n bennaf cyfrifol am drefnu taith genhadol yr Undodwr Richard Wright drwy dde Cymru, dadleuai'n gryf o blaid sefydlu gweinidogaeth deithiol. Yr oedd yn ymwybodol iawn fod gelynion y mudiad yn honni na cheid 'dim whithrin o'r Efengyl' yn naliadau'r Undodiaid, a phe gellid anfon gweinidogion o fan i fan i bregethu, yr oedd yn ffyddiog y byddai'r cyhoedd yn eu derbyn fel apostolion a chymwynaswyr. Bu hefyd yn gyfrifol am sefydlu yn ardal Pen-y-bont ar Ogwr yn Ionawr 1817 'Gymdeithas y Bereaid', cymdeithas a ddygai ynghyd yn fisol wrth-drindodwyr a oedd yn awyddus i astudio a thrafod yr Ysgrythurau yn fonheddig a diragfarn. Breuddwydiai hefyd am sefydlu academi er mwyn meithrin Undodiaid ifainc. Ofnai fod yr academi yng Nghaerfyrddin wedi 'ymdywyllu yn erchyll' dan arweiniad y Presbyteriad David Peter ac mai 'tywyllwch dudew' a deyrnasai oni ellid sefydlu nyth fwy cysurus ar gyfer Dwyfundodiaid talentog. Pwysai'n daer – ond yn ofer – ar weinidogion yr Undodiaid i wynebu'r her hon. 'Wele hai at y gwaith', meddai wrth y Parchedig John James ym mis Medi 1814, 'mesen fach a dŷf yn dderwen fawr . . . Hai! Plannwch y fesen.'

Brithir papurau Iolo â chyfeiriadau at Undodiaeth, a bu'n synfyfyrio am hydoedd wrth geisio bathu geiriau Cymraeg priodol i gyfleu golud y gorffennol. Ffrwyth y dychymyg Ioloaidd oedd y canlynol:

> Dwyfundodwr – an Unitarian
> Dwyfundodaeth – Unitarianism
> Dwyfundodaidd – Unitarian
> Dwyfundod – the Divine Unity

Rhoes hefyd i'r mudiad waddol anrhydeddus drwy ffugio neu lurgunio testunau yn ymwneud â dechreuadau Anghydffurfiaeth ym Morgannwg. Yn ei dyb ef, gellid olrhain tarddiad Undodiaeth i gyfnod y Derwyddon a, diolch i ragluniaeth, diogelwyd hanfod ei chrefydd o ddyddiau'r Brenin Siarl I ymlaen ym Metws Tir Iarll gan gymdeithas ddwyfundodaidd a derwyddol o'r enw 'Gwŷr Cwmyfelin'. Honnodd fod y gymdeithas fywiog hon yn ffynnu ym Mlaenau Morgannwg yng nghyfnod ei ieuenctid ac y gallai Undodiaid 'modern' ymfalchïo yn ei dysg a'i defodau. Pan nad oedd y chwiw ffugio yn ei lithio byddai Iolo hefyd yn llunio ysgrifau diwinyddol cydnerth a threiddgar ar bynciau megis 'Undod Dwyfol', 'Aberth Crist' ac 'Iesu Grist yn Ddyn'. Fel y gwyddys, yr oedd ganddo ei arddull unigryw ei hun, a chan nad oedd ganddo ddim i'w ddweud wrth 'Ddeudneudwyr' y gogledd rhybuddiai ei gyd-awduron Undodaidd rhag 'Gwyneddigo' neu 'farbareiddio' eu cyfieithiadau. Cyfieithodd ef ei hun sawl darn o waith gan Undodiaid Seisnig, ac yn y rhagair i un ohonynt, lle y disgrifiodd ef ei hun fel 'Gweinidog y Fflangell', cystwyodd y 'mochyneidd-dra cywilyddus' a geid yn 99 y cant o'r llyfrau Cymraeg a gyhoeddid yn 'yr oes ddiymgais hon'.

Fel emynydd, y mae'n werth pwysleisio'r ffaith y bu Iolo Morganwg yn fwy cynhyrchiol na hyd yn oed y Pêr Ganiedydd. Cyfansoddodd fwy na thair mil o emynau a salmau, gan ychwanegu llawer o donau swynol atynt. Un cyndyn i ganmol Pantycelyn oedd Iolo, a thros ei grogi ni fynnai 'rodio ffordd W^m^. W^ms^. er maint ei blodeuoldeb'. O ganlyniad, bu tuedd yn y gorffennol i'w geryddu am hepgor bron yn llwyr y tanbeidrwydd ysbrydol a nodweddai'r emynwyr Methodistaidd. Ond arall oedd nod Iolo: dysg a deall oedd yn bwysig yn ei olwg ef, a phrif swyddogaeth yr emynydd, yn ei dyb ef, oedd amddiffyn gweiniaid rhag 'trais y cedyrn' ac 'anrheithwyr y byd'. Yn y rhagymadrodd i'w gyfrol *Salmau yr Eglwys yn yr Anialwch* (1812), gwaith a oedd yn cynnwys (am y tro cyntaf mewn print) y Nod Cyfrin ar ei wynebddalen, honnodd Iolo yn ddiflewyn-ar-dafod mai hyrwyddo heddwch a chyfiawnder oedd ei nod fel cyfansoddwr emynau:

> Yr wyf, er pann gyrhaeddais oedran deall ag ymbwyll, wedi dwyn fy nhystiolaeth, gair ag ysgrifen, yn erbyn carn-lofruddiaeth rhyfel; yn erbyn mawrion y byd hwnn, a dderchafant eu gorseddfeinciau yng nghanol ffrydiau gwaed eu cyd-ddynion; ag nid llai yn erbyn y rhai a geir yn gelwyddog yn eu chwanegiadau at eiriau Duw y gwirionedd.

Mynych y cyfeiriai at drallodion y tlawd ac am y truan caeth a oedd yn byw dan 'ormes blin a min y cledd'. Ceir ganddo sylwadau miniog am 'yr hen waedfiles', sef Eglwys Loegr, yn enwedig arfer ei hoffeiriaid o gynnal Dyddiau Ympryd neu o Ddiolch – 'Dydd ympryd Rhyfel, pan fo mawrion y Byd hynn yn gweddio ar Dduw am iddo droi'n Ddiawl'. Emynydd cymdeithasol oedd Iolo, gŵr â'i draed yn gadarn ar y ddaear a'i ofal yn fawr am y gwan a'r diymgeledd, ac y mae'n braf, felly, fod tair ar hugain o'i emynau hyfrytaf (o'u cymharu â thair gan Domos Glyn Cothi ac un gan Josiah Rees) i'w canfod yn *Y Perlau Moliant Newydd*, y casgliad o emynau a thonau ar gyfer Undodiaid a gyhoeddwyd gan Gymdeithas Undodaidd Deheudir Cymru ym 1997. Erys emynau Iolo yn brawf nad oes raid wrth wefr a chynnwrf er mwyn cyfleu mawredd Duw, nac wrth fesur ffrwyth argyhoeddiad Cristnogol.

Ymddengys fod Iolo, ym machlud ei oes, fel petai'n rhyfela'n barhaus yn erbyn ei natur afrywiog ef ei hun a'i anallu llwyr i gyd-dynnu ag eraill. Ac eithrio'r eglwyswr Gwallter Mechain, y mae'n anodd meddwl am unrhyw gyfaill na fu Iolo rywbryd neu'i gilydd benben ag ef. Cyfeiriai byth a hefyd at 'ddyhirdra twyll-gyfeillion', at eu camau gwag a bwngleraidd, ac at eu diffyg ymddiriedaeth ynddo. Ffraeodd â'i hen gyfeillion Llundeinig, Owain Myfyr a William Owen Pughe, ac nid un i faddau bai nac i syrthio ar ei fai mohono. Y mae'n amlwg hefyd ei fod wedi ymbellhau oddi wrth Domos Glyn Cothi o 1805 ymlaen. Nododd Rhys Thomas mewn llythyr at Iolo ym mis Mawrth 1810 fod Glyn Cothi yn holi 'a oeddech yn fuw, gan ei fod yn erfyn er ys talm gael naill aich gweled neu glywed oddi wrthuch'. Fel mae'n digwydd, er ei fod yn parhau dan gwmwl, buasai'r Undodwr o Frechfa yn eithriadol o brysur wedi ei ryddhau o'r carchar yn cyfieithu gweithiau sylweddol gan John Evans a William Belsham, ac yn paratoi *An English-Welsh Dictionary*, gwaith a gyhoeddwyd ym

17 Cyhuddwyd William Owen Pughe (1759–1835) gan Iolo o dywallt 'y cyfryw Ddiluw o Lygredigaeth ar ein hen Iaith ragorol', ond yr oedd Pughe yn rhy addfwyn i ymateb i'w ymosodiadau.

1809. Ddwy flynedd yn ddiweddarach daeth haul ar fryn unwaith eto yn ei hanes fel Undodwr. Peth anghyffredin iawn oedd i weinidog a fuasai mewn carchar dderbyn galwad i eglwys, ond y mae'n amlwg fod cynnyrch llenyddol Tomos Glyn Cothi, ei enw da fel pregethwr, a'i radicaliaeth wleidyddol wedi cyfrif o'i blaid pan aeth henaduriaid Hen Dŷ Cwrdd Aberdâr ati i ddewis gweinidog newydd ym 1811. Erbyn hynny yr oedd Aberdâr a Merthyr yn feithrinfa gref ar gyfer syniadau democrataidd, a threuliodd Tomos Glyn Cothi ddwy flynedd ar hugain ffrwythlon yn gweinidogaethu yn y cylch hwnnw ac yn cymell gweithwyr haearn Cymraeg eu hiaith i herio grym y Meistri Haearn. Pan gododd y dosbarth gweithiol mewn gwrthryfel ym Merthyr ym 1831, yr oedd yr Undodwr o shir Gâr yn dŵr cadarn o'u plaid.

Gwaetha'r modd, ni fu llawer o Gymraeg rhyngddo a Iolo yn ystod y cyfnod hwnnw. Cythruddwyd Iolo i'r fath raddau gan odineb ei gyfaill fel na allai ymddiried ynddo mwyach. Y mae'n wir eu bod ill dau yn mynychu cyfarfodydd yr Undodiaid yn y deheudir ac ambell eisteddfod ym Merthyr, ond darfu'r hen gyfeillgarwch hwyliog yw llwyr. Wfftiai Iolo at safon cyfieithiadau Glyn Cothi: er enghraifft, ar ei gopi personol ef o *Traethawd Byr ar yr Athrawiaeth o Ryddid ac Angenrheidrwydd Philosophyddawl* (1809), ychwanegodd ebychiadau a sylwadau difrïol megis 'camsyniad!!!', 'ffaeledd ha ha!' a 'camsyniad!!! Haeru nid profi yw hynni'. Mwy difrifol oedd y ffaith i Iolo gyhuddo Tomos Glyn Cothi o len-ladrata llinellau cyfan allan o'i lawysgrifau o emynau a'u cyhoeddi (flwyddyn cyn i *Salmau yr Eglwys yn yr Anialwch* ymddangos ym 1812) dan y teitl *Cyfansoddiad o Hymnau*. Ffrwydrodd Iolo, a'r unig rinwedd a ganfu yn y fath 'Dommen o sothach' oedd nad oedd yr emynau, megis rhai Pantycelyn, yn drwm 'gan fwg y pwll diwaelod, a syfrdandod breuddwydbwyll crefydd yr Anghrist'. Weddill ei oes, felly, bu Iolo yn ddrwgdybus iawn o'r hen weriniaethwr ar sawl cyfrif, ac ni chollai byth gyfle i ddrygu ei enw da: er enghraifft, dywedodd wrth gyfaill ym 1820, 'I strongly suspect him to be at heart a rank infidel.'

Y mae enw Iolo Morganwg fel ffugiwr yn hysbys i bawb. Felly hefyd ei ddyfais fyd-enwog, Gorsedd Beirdd Ynys Prydain. Y mae'n adnabyddus o hyd fel 'Bardd Rhyddid', ond

18 Portread o Iolo Morganwg yn ei henaint gan y cartwnydd Robert Cruikshank (1789–1856).

prin iawn yw'r sylw a roddwyd iddo (ac eithrio gan y diweddar D. Elwyn Davies) fel llywiwr gweithgareddau'r Undodiaid cynnar yng Nghymru. Aeth Iolo i'w fedd ym 1826 yn argyhoeddedig mai ef oedd 'Tad' y mudiad Undodaidd yn ei famwlad, ac y mae'n hwyr bryd i ni gydnabod y gwaith aruthrol a gyflawnodd drosto. Wrth gloi, dyma Iolo yr Undodwr o argyhoeddiad – ac mor benstiff ag erioed:

> I look back on my past life, and on the principles which I have adopted, the doctrines which I have professed to believe, and still do firmly believe. I rejoice in them. They are my only comfort. All my hopes are founded immovably upon them, and in these sentiments I am not afraid to appear before the God in whom I have believed. I have not, I cannot change my opinions. I have for the greatest and the best part of my life lived in them. I die in them. Do you bear your testimony to this declaration of mine in opposition to whatever may be asserted to the Contrary. Remember, as I have long lived so will I die in the unshaken belief of the doctrines of Unitarian Christianity.

DARLLEN PELLACH

Geraint a Zonia Bowen, *Hanes Gorsedd y Beirdd* (Cyhoeddiadau Barddas, 1991).

D. Elwyn Davies, *Y Smotiau Duon* (Llandysul, 1981).

D. Elwyn Davies, *Cewri'r Ffydd: Bywgraffiadur y Mudiad Undodaidd yng Nghymru* (Aberdâr, 1999).

Geraint H. Jenkins, *Facts, Fantasy and Fiction: The Historical Vision of Iolo Morganwg* (Aberystwyth, 1997).

Geraint H. Jenkins, '"A Very Horrid Affair": Sedition and Unitarianism in the Age of Revolutions', yn R. R. Davies a Geraint H. Jenkins (goln.), *From Medieval to Modern Wales: Historical Essays in Honour of Kenneth O. Morgan and Ralph A. Griffiths* (Caerdydd, 2004).

Ceri W. Lewis, *Iolo Morganwg* (Caernarfon, 1995).

W. Rhys Nicholas, *Thomas William Bethesda'r Fro* (Abertawe, 1994).

Geraint Dyfnallt Owen, *Thomas Evans (Tomos Glyn Cothi)* (Darlith Goffa Dyfnallt, 1963).

Gomer M. Roberts, *Emynwyr Bethesda'r Fro* (Llandysul, 1967).

G. J. Williams, *Iolo Morganwg: Y Gyfrol Gyntaf* (Caerdydd, 1956).

'YR HAIARNFARCH': Y RHEILFFYRDD A'R CYMRY YN YSTOD Y BEDWAREDD GANRIF AR BYMTHEG

Hywel Gethin Rhys

. . . dyfodiad y trên sydd wedi achosi y cyfnewidiad mwyaf mewn teithio a masnachu, defnyddio glo yn lle mawn, &c, ac yn anuniongyrchol mewn addysg fydol.

Robert Williams

Mewn traethawd a enillodd iddo wobr yn eisteddfod Chwilog ar ddechrau'r ugeinfed ganrif, cyfeiriodd Robert Williams at ddyfodiad y rheilffyrdd fel un o'r newidiadau pwysicaf a welwyd yn ystod ei oes:

> Yr oedd dyfodiad y trên i Chwilog yn newid cyfeiriad trafnidiaeth mewn cludiant ceffylau, gwartheg, a moch, heblaw dynion, ynghyd â nwyddau o bob math, yn enwedig glo. Gellir dywedyd bron yr un peth am Bryncir; fel mai dyfodiad y trên sydd wedi achosi y cyfnewidiad mwyaf mewn teithio a masnachu, defnyddio glo yn lle mawn, &c., ac yn anuniongyrchol mewn addysg fydol. Er mor ymlyngar ydym fel cenedl, ac yn enwedig fel amaethwyr, wrth draddodiadau'r tadau, er hynny yr oeddem yn cael ein tynnu os nad ein gorfodi i newid ein cynlluniau, gan gyfnewidiadau mawrion o'r tu allan i ni, oedd yn effeithio ar ein holl fywyd; fel wrth gydmaru beth oedd bywyd ac arferion Eifionnydd drigain mlynedd yn ôl, a'r hyn ydyw, y mae y cyfnewidiad yn chwyldroadol.

Sylwodd Robert Williams yn arbennig ar effaith y rheilffordd ar amaethu ac ar arferion y cartref, ond gwyddai hefyd fod ei dylanwad wedi treiddio i bob agwedd ar fywyd i'r fath raddau fel na allai lai na disgrifio'r cyfnewidiad fel 'chwyldro'. Ymateb y Cymry i ddyfodiad yr 'Agerfarch' neu'r 'Haiarnfarch' neu'r 'Gerbydres' (tri o'r enwau lluosog a ddefnyddid i ddisgrifio trên) fydd prif thema'r ysgrif hon, ond i ddechrau rhaid trafod yn fras batrwm datblygiad y rheilffyrdd ac amcanion y cwmnïau.

O'r cychwyn cyntaf bu cysylltiad clòs rhwng Cymru a datblygiad y rheilffyrdd. Ym Mhenydarren ym 1804 y tynnwyd cerbydau ar gledrau gan *locomotion* am y tro cyntaf. Rheilffordd Ystumllwyniarth, ger Abertawe, oedd y rheilffordd gyntaf yn y byd i gynnig gwasanaeth rheolaidd i deithwyr, sef ym 1807 (er mai ceffylau yn unig a ddefnyddiwyd). Rheilffordd Sir Gaerfyrddin (1802) oedd y gyntaf i gyfuno rheilffordd a dociau o dan berchenogaeth un cwmni, patrwm a ddilynwyd gan nifer o gwmnïau eraill yn ddiweddarach.

Adeiladwyd 1,429 milltir o reilffyrdd yng Nghymru rhwng 1840 a 1870, ac erbyn troad y bedwaredd ganrif ar bymtheg Llundain oedd yr unig fan ym Mhrydain a allai gymharu â Morgannwg a Mynwy o ran lluosogrwydd ei chyfundrefn reilffyrdd. Rheilffyrdd yn gwasanaethu'r diwydiannau haearn a glo oedd y rhain, a hwy oedd olynwyr y tramffyrdd a'r camlesi. Un o'r amlycaf ohonynt oedd Rheilffordd Dyffryn Taf, rheilffordd a agorwyd ym 1841 rhwng Merthyr Tudful a Chaerdydd er mwyn gwasanaethu gweithfeydd haearn Merthyr a Dowlais. Ond wrth i allforion glo y Rhondda gynyddu o'r 1850au ymlaen, datblygodd tagfa anorfod yn nociau Caerdydd a Phenarth.

19 Model o'r meistr glo a'r adeiladwr rheilffyrdd David Davies, Llandinam.

O ganlyniad, penderfynodd David Davies, Llandinam, a meistri glo eraill, mai'r unig ateb i'r broblem oedd agor dociau newydd yn Y Barri, a sicrhau bod rheilffordd yn arwain atynt. I'r diben hwn sefydlwyd Rheilffordd Y Barri ym 1884 ac fe'i hagorwyd ym 1889. Rhedai o Drehafod i'r Barri, ac mewn gwirionedd cyfuniad o ddociau a rheilffordd oedd y cwmni. Erbyn 1912 allforid mwy o lo o ddociau'r Barri nag o Gaerdydd a Phenarth gyda'i gilydd, a derbyniai cyfranddalwyr y rheilffordd randdaliadau o rhwng 9½ a 10 y cant rhwng 1894 a 1920. Sail llwyddiant rheilffyrdd de Cymru oedd y cynnydd a fu yn allforion glo a hefyd y cynnydd a ddigwyddodd ym maint y boblogaeth. Ceisiodd y Great Western Railway, y London and North Western Railway a'r Midland Railway, ynghyd â nifer o gwmnïau llai, ganfod llwybr i Forgannwg er mwyn cyflenwi anghenion ardaloedd diwydiannol yn Lloegr.

Thema arall a oedd yn ganolog i ddatblygiad y rheilffyrdd yng Nghymru oedd yr ymgais i gysylltu Lloegr ac Iwerddon. Wedi'r uniad gwleidyddol rhwng Prydain ac Iwerddon ym 1801, cynyddodd y teithio rhwng Llundain a Dulyn, a daeth Caergybi yn borthladd o bwys gan mai oddi yno yr hwyliai llongau a gludai lythyrau i Ddulyn. Rhwng 1810 a 1830 datblygwyd ffordd o Lundain i Gaergybi dan gyfarwyddyd y peiriannydd enwog Thomas Telford. Erbyn 1836 gellid teithio o Lundain i Gaergybi mewn 27 awr (cymerai 48 awr ym 1784), ond o 1838 ymlaen rhedai trenau rhwng Llundain a Lerpwl, ac yn sgil hynny collodd Caergybi ei safle. Eto i gyd, sylweddolai peirianwyr a hyrwyddwyr y byddai ymestyn rheilffyrdd i Gymru yn byrhau'r fordaith ar draws Môr Iwerddon. Nid oedd prinder porthladdoedd naturiol yng Nghymru a bu peirianwyr megis Isambard Kingdom Brunel, Charles Vignoles, a Robert Stephenson yn ystyried rhinweddau porthladdoedd heblaw Caergybi. Datblygodd ymryson rhwng pleidwyr Caergybi a phleidwyr Porthdinllaen, ond ym 1840 dyfarnodd Comisiwn y Llywodraeth o blaid Caergybi.

Sefydlwyd Rheilffordd Caer a Chaergybi ym 1844 ac agorwyd y rhan rhwng Caer a Bangor ym 1848. Wedi cwblhau adeiladu Pont Britannia, rhedai trenau i Gaergybi o 1850 ymlaen. Cludid llythyrau rhwng Llundain a Dulyn ar yr *Irish Mail*, ond yn y cyfamser bu Brunel yn cynllunio rheilffordd ar hyd arfordir de Cymru o Gaerloyw i Abergwaun. Agorwyd Rheilffordd De Cymru i Gaerfyrddin ym 1852, ond yna bu'n rhaid bodloni ar estyniad i Aberdaugleddau yn hytrach nag i Abergwaun (nid agorwyd rheilffordd i Abergwaun tan 1906). Datblygiad arall o bwys i Gymru yn y 1840au oedd y rheilffyrdd a agorwyd ar y gororau. Fe'u rhannwyd rhwng pedwar cwmni, ond erbyn 1853 ffurfiwyd cysylltiad rhwng Caer, Amwythig a Chasnewydd.

Rhwng 1852 ac 1870 agorwyd rheilffyrdd trwy Gymru gyda'r bwriad o ganfod llwybrau gwell neu gystadleuol i'r porthladdoedd gorllewinol a hefyd i ardaloedd diwydiannol y de. Bu brwydr rhwng y Great Western a'r London and North Western ym 1852–3 wrth i'r ddau gwmni geisio'r hawl i agor rheilffordd ar hyd dyffryn Hafren i sir Drefaldwyn ac Aberystwyth. Gwrthodwyd y mesurau yn y Senedd, ond rhwng 1853 ac 1861 sefydlwyd pump o reilffyrdd a gysylltai Whitchurch, Croesoswallt, Y Drenewydd, Llanidloes, Machynlleth ac Aberystwyth. Ym 1864–5 unwyd y rhain dan y teitl Rheilffyrdd y Cambrian. Ym 1864 teithiodd y trenau cyntaf i Aberystwyth, ac erbyn 1867 agorwyd rheilffordd yr arfordir i Bwllheli, er na wireddwyd y freuddwyd o'i hymestyn i Borthdinllaen.

Yn y cyfamser ymdrechwyd i ddatblygu rheilffyrdd i'r de o Lanidloes a chwblhau cadwyn a oedd yn cysylltu Manceinion ac Aberdaugleddau. Bu cyfarwyddwyr Rheilffordd Llanidloes a'r Drenewydd mewn cryn benbleth ynglŷn â dewis y llwybr gorau. Cafwyd cynlluniau blaenorol a oedd yn golygu croesi'r mynyddoedd rhwng Llangurig a sir Aberteifi, ond sylweddolwyd bellach y gallai fod manteision yn perthyn i reilffordd a redai ar hyd dyffryn Gwy ac ymlaen am Lanymddyfri, gan y byddai'n gallu gwasanaethu Abertawe yn ogystal ag Aberdaugleddau. Yn y diwedd sefydlwyd cwmnïau i gwblhau'r ddwy reilffordd. Sefydlwyd Rheilffordd Canol Cymru (Mid Wales Railway) ym 1859, ond wedi i'w gobeithion o gyrraedd Llanymddyfri gael eu rhwystro bu'n rhaid i'r cwmni ymdrechu i gynnal rheilffordd wledig o Benpontbren (ger Llanidloes) i Gyffordd Tal-y-llyn (ger Aberhonddu). Ym 1860 pasiwyd deddf seneddol i adeiladu rheilffordd o Bencader i Lanidloes gan Reilffordd Manceinion ac Aberdaugleddau. Dewiswyd llwybr anodd ar draws y mynyddoedd o sir Aberteifi i Lanidloes, ond er i'r cynlluniau gael eu diwygio ac i'r gwaith adeiladu ddechrau o gyfeiriad Llanidloes, ni chwblhawyd y rheilffordd. Troes y cwmni ei olygon at Aberystwyth, ac agorwyd rheilffordd oddi yno i Bencader ym 1867. Ym Mhencader trosglwyddid y teithwyr i Reilffordd Caerfyrddin ac Aberteifi, rheilffordd arall a ataliwyd rhag cyflawni ei hamcanion gwreiddiol. Sefydlwyd hon ym 1854 ond yn ddiweddarach denwyd y cwmni gan y cynllun i gysylltu Manceinion ac Aberdaugleddau, ac er i'r rheilffordd gael ei hagor rhwng Caerfyrddin a Phencader (ac yn ddiweddarach i Gastellnewydd Emlyn), o gyfeiriad arall y derbyniodd Aberteifi ei rheilffordd, sef o Hendy-gwyn ar Daf.

Er mai mentrau cyfalafol oedd y rheilffyrdd, yr oedd yn rhaid wrth ddeddf seneddol cyn y gellid eu hadeiladu, ac mewn rhai achosion cafwyd gornestau rhwng dau neu fwy o gwmnïau a oedd â'u bryd ar sefydlu'r un rheilffordd. Gwaith pwyllgorau seneddol oedd dewis y cynllun gorau, ac un ffon fesur a ddefnyddid oedd natur y gefnogaeth gyhoeddus a fodolai i'r cynlluniau. Yng ngoleuni'r ystyriaethau hyn heriwyd trigolion sir Drefaldwyn ym 1845 gan ohebydd a'i disgrifiai ei hun fel 'Vigilans' i drefnu pwyllgorau lleol ac i ystyried pa reilffyrdd a fyddai fwyaf buddiol i'r sir. Cyhoeddwyd sawl cynllun a effeithiai ar sir Drefaldwyn ym

1845–6, ond ni wireddwyd yr un ohonynt. Dyhead 'Vigilans' oedd y byddai trigolion sir Drefaldwyn yn uno o blaid y cynllun gorau, ac y byddai hyrwyddwyr y cynlluniau eraill yn cilio o'r ffordd er mwyn osgoi ymrafael yn y Senedd. Credai hefyd fod hyrwyddwyr cynlluniau 1845 wedi colli golwg ar flaenoriaethau trigolion canolbarth Cymru trwy ganolbwyntio ar reilffyrdd i ogledd Lloegr. Yn ei dyb ef, byddai'n rhaid i gynllun llwyddiannus gysylltu sir Drefaldwyn ac Amwythig gan mai dyna'r ffordd i'r *metropolis*, ac yr oedd ganddo bob ffydd yng ngallu'r Senedd i ddewis y rheilffyrdd gorau at anghenion y boblogaeth.

Galwyd cyfarfodydd gan hyrwyddwyr rheilffyrdd er mwyn hawlio cefnogaeth gyhoeddus i'w cynlluniau, a rhwystro cynlluniau eu gwrthwynebwyr. Yr oedd 200 yn bresennol mewn cyfarfod cyhoeddus ym Mhwllheli ym Mehefin 1844 i drefnu deiseb yn gwrthwynebu sefydlu Rheilffordd Caer a Chaergybi, ac i gefnogi ymgais i sefydlu Porthdinllaen yn borthladd i Iwerddon. Ym 1845 derbyniodd cynllun rheilffordd i Aberystwyth gefnogaeth rhai o drigolion y dref, ar y sail y byddai'n llesol i'r dref ac i'r ardaloedd oddi amgylch, ac am y byddai'n sefydlu cysylltiad ag Iwerddon 'mewn llai o amser nac unrhyw borthladd arall' ar arfordir gorllewin Cymru. Ym 1855 anfonwyd deisebau i'r Senedd gan drigolion Y Trallwng, wedi eu harwyddo gan yr uchel siryf, yn cefnogi mesur Rheilffordd Croesoswallt a'r Drenewydd a fyddai'n caniatáu i'r rheilffordd redeg trwy'r dref. Honnwyd yn y ddeiseb fod sir Drefaldwyn wedi dioddef colledion ac anghyfleustra yn y gorffennol oherwydd diffyg rheilffyrdd. O ganlyniad, yr oedd llwyddiant y cynllun o'r pwys mwyaf i'r sir. Er bod hwn yn gyfnod pan oedd llawer o sôn am ryfeloedd a chynadleddau rhyngwladol, honnwyd na ddylid gohirio hyrwyddo gwelliannau cymdeithasol lleol gan nad oedd yr un ardal wedi dioddef yn fwy o ganlyniad i ddiffyg datblygiad na sir Drefaldwyn.

20 'Plynlimon': march haearn a adeiladwyd gan Sharp Stewart & Co. ym Manceinion, 1864 (Casgliad John Thomas).

Siom i rai o ohebwyr y wasg Gymraeg oedd y llwybrau a ddewiswyd gan gynlluniau llwyddiannus y 1840au, sef Rheilffordd De Cymru a Rheilffordd Caer a Chaergybi. Tybid eu bod wedi glynu'n rhy agos wrth y glannau, gan esgeuluso rhannau mwyaf cyfoethog y wlad. Ym 1845 gresynai gohebydd *Yr Amserau* fod y cwmnïau rheilffyrdd yn anwybyddu anghenion economaidd Cymru yn llwyr:

> Pa les a wnai ffordd-haiarn y gogledd i Swydd Drefaldwyn? A fydd gweithfeydd gwlaneni Dolgelleu a chloddfeydd Ffestiniog rywbeth yn well erddi? Pe y cymerasid ryw linell ag a fuasai o fewn cyrraedd y siroedd hyn, llesolasid y wlad yn gyffredinol. . . . [N]id oes yn awr ond ychydig anhawster i drosglwyddo holl haiarn, glo a chopr Morgannwg, a glo gwaelodion Caerfyrddin i lan y môr, lle y cludid ef ymaith mewn llongau yn rhad a rheolaidd: a digon tebyg ar ôl ffurfiad y gledrffordd y bydd y drafnidiaeth yn rhanedig, ac nas dug wir ennill i fôr na thir.

Sail dadl y gohebydd hwn oedd fod yr ardaloedd arfordirol eisoes yn meddu ar drafnidiaeth foddhaol trwy gyfrwng porthladdoedd a chamlesi, ac mai gwastraff ar adnoddau fyddai ychwanegu at y ddarpariaeth hon. Yn hytrach, dylid datblygu rheilffyrdd yn ardaloedd gwledig Cymru er mwyn hybu'r farchnad amaethyddol. Dallineb ar ran Rheilffordd De Cymru oedd dewis y llwybr arfordirol, gan iddi esgeuluso'r rhannau o Gymru a oedd yn methu marchnata eu cynnyrch amaethyddol a diwydiannol yn effeithiol. Tra oedd y cwmnïau hyn yn ceisio canfod y llwybr gorau rhwng Lloegr ac Iwerddon, dyheai gohebwyr i'r wasg yng Nghymru am rwydwaith o reilffyrdd a fyddai'n trawsnewid economi'r wlad. Ym 1861 cyhoeddwyd llythyr oddi wrth W. Aubrey yn *Baner ac Amserau Cymru* yn croesawu'r cynllun i agor cangen o'r Gaerwen i Amlwch gan mai hon, meddai, fyddai gwir reilffordd sir Fôn (sefydlwyd y rheilffordd ym 1863 a'i hagor rhwng 1864 ac 1867):

> Nid yw rheilffordd Caer a Chaergybi ond o ychydig fantais i Fôn, trwy nad yw yn rhedeg ond trwy gwr ohoni, a hwnw y cwr gwaelaf, a mwyaf amhoblog: ond bydd y llinell yma yn ffordd i bobl Môn, a'r lles a wna yn anamgyffredadwy.

Er bod y cyhoedd yn gyffredinol yn croesawu dyfodiad y rheilffyrdd, ceid cryn drafod ar rinweddau a diffygion cynlluniau penodol yn y wasg. Wrth groesawu rheilffordd arfaethedig rhwng Amwythig ac Aberystwyth ym 1852, tybiai'r *Dysgedydd* y byddai'n 'llawer buddiolach, ac yn sicrach o dalu, i'r ffordd o Gaersws gymeryd dyffrynnoedd y Dyfi yn lle mynyddoedd Pumlumon'. Ymunodd Samuel Roberts, Llanbryn-mair, â'r ddadl o blaid gyrru'r rheilffordd trwy ddyffryn Dyfi:

> Y mae eisoes lawer iawn o weithfaoedd gwlaneni ar hyd yr holl ffrydiau sy'n ymarllwys i'r Dyfi; ac y mae y

> fasnach a wneir yn awr yn ffeiriau Machynlleth, a'r Dinas, a Thowyn, a Dolgellau, a Llanbrynmair, yn bur fawr, a chynnyddai yn gyflym pe gellid ei chysylltu â holl brif Railffyrdd Lloegr; oblegid nid oes dim Rail yn awr yn nes na'r Amwythig i holl gynnyrch amaethyddol, masnachol, a mwynol holl barthau arforawl siroedd Meirion, Aberteifi na Threfaldwyn.

Ni ragwelai Samuel Roberts y byddai'r ffeiriau yn dirywio wedi dyfodiad y rheilffordd, ond yr oedd ei awydd i sefydlu cysylltiadau â phrif reilffyrdd Lloegr yn nodweddiadol o ddyhead cyffredinol y cyfnod. Trwy ddwyn ardaloedd gwledig Cymru i gyswllt â threfi poblog Lloegr, tybid y byddai'r rheilffyrdd yn agor marchnadoedd i allforion Cymru ac yn tynnu ymwelwyr a nwyddau o Loegr. Byddai amaethyddiaeth yn elwa ar ostyngiad ym mhris cludo calch a byddai'r ddarpariaeth glo yn cynyddu. Rhagwelid y byddai'r gostyngiad ym mhris glo (o sir Y Fflint a swydd Amwythig) yn hwb enfawr i ddiwydiant gwlân sir Drefaldwyn trwy alluogi defnydd o bŵer ager yn y melinau. Pleidiai sylwebyddion eraill ragoriaeth eu hardaloedd eu hunain:

> Y mae amryw gynlluniau ar droed, fel y mae yn hysbys, a phob cynlluniwr yn dyn iawn am ei ffordd ei hun wrth gwrs, a llawer gŵr da wedi tywallt ei huawdledd gyda nerth mawr o blaid y gwahanol linellau sydd yn debyg o'i wasanaethu ef oreu, a hynny gyda'r rheswm anwrthwynebol o ei fod ef yn byw yn y lle y mae y ffordd i ddyfod drwyddo; a rhai wedi cymeryd y gair bychan ni i'w gwasanaeth, gan awgrymu eu bod fel 'corn siarad', i lawer ebychu trwyddo. Ond y gwir amdani yw, fod y draul yn fawr a'r elw deilliedig oddiwrth rai o'r llinellau cynnygiedig yn amheus. Y mae'n rhaid cadw at yr egwyddor fod i'r elw gyfateb i'r draul, onide bydd yr anturiaeth yn ymylu ar ynfydrwydd.

Yr oedd 'Wmffre Dafydd', awdur y geiriau hyn ym 1861, yn bur amheus o ragolygon sefydlu rheilffordd o'r Bala i Ddolgellau: honnai fod wagen William Pugh yn diwallu holl fasnach y dyffryn ac y byddai un trên y flwyddyn yn hen ddigon ar gyfer dieithriaid. Gwell o lawer, yn ei dyb ef, fyddai gyrru rheilffordd o Riwabon trwy Ffestiniog i Borthdinllaen. Byddai'r twnnel tair milltir o hyd rhwng Ffestiniog a Chwm Penmachno yn ad-dalu'r gost o'i gloddio trwy'r llechi a ddeuai ohono. Brodor o ardal Ffestiniog oedd 'Wmffre Dafydd' ac, fel llawer un arall, dyheai am weld y rheilffordd yn dod i'w ardal ef ei hun. Serch hynny, wrth alw am reilffordd ar gyfer Blaenau Ffestiniog sylweddolai y byddai'n rhaid wrth boblogaeth helaeth a thrafnidiaeth ddiwydiannol er mwyn ei chynnal.

Os oedd barn llythyrwr o'r enw *Bleddyn* yn gynrychioliadol, bodolai mesur helaeth o gytgord rhwng dymuniadau'r cwmnïau rheilffordd a'r gymdeithas yn gyffredinol. Wrth ddymuno llwyddiant i Reilffordd Y Drenewydd a Machynlleth ym 1857, ni allai ragori ar eiriau prosbectws y cwmni: 'It is almost a truism to say that nations and districts must be left behind in the great race of improvement.' Ofn cael eu gadael ar ôl gan gynnydd yr oes a symbylai'r gefnogaeth gyffredinol i'r rheilffyrdd, a'r nod oedd eu gyrru i bob cwr o'r wlad.

Ceid gwrthwynebiad cryf i fonopoli o bob math yng nghanol y bedwaredd ganrif ar bymtheg. 'Y Gelyn Mawr' oedd yr enw a roddwyd iddo gan David Rees, Llanelli, golygydd *Y Diwygiwr*: 'Monopoli yw gwaith un neu ychydig o ddynion yn cyfyngu elw rhyw drafodaeth gyhoeddus yn gwbl iddynt eu hunain.' I David Rees, cynrychiolai monopoli o bob math, gan gynnwys y Deddfau Ŷd a'r Eglwys Wladol, orthrwm masnachol a gwleidyddol. Brwydro dros fasnach rydd oedd y ffordd i ddifa monopoli, ac yr oedd lledaenu'r rheilffyrdd i bob cwr o'r wlad yn allweddol er mwyn sicrhau tegwch masnachol. Tybid bod cystadleuaeth rhwng cwmnïau rheilffyrdd yn gwarchod buddiannau defnyddwyr (er enghraifft, yr oedd dwy reilffordd yn rhedeg o Lundain i Birmingham erbyn 1853). Wrth i gwmnïau gryfhau ac uno, ffurfient fonopolïau o fewn ardaloedd cyfyngedig, megis yr Highland Railway yng ngogledd yr Alban ac, i raddau llai, Rheilffyrdd y Cambrian yng nghanolbarth Cymru. Delfryd 'oes y rheilffyrdd' oedd porthi hyder y cwmnïau a'u cymell i godi rheilffyrdd newydd trwy bob rhan o Gymru. Ym 1860 croesawai'r *Chester Chronicle* y posibilrwydd o sefydlu rheilffyrdd newydd a datblygu porthladdoedd canolbarth Cymru, er gwaethaf y ffaith y byddai'r rhain yn cystadlu yn erbyn rheilffordd y London and North Western i Gaergybi a oedd yn mynd trwy ddinas Caer:

> It is repugnant to the spirit of the age, and to the current of modern legislation, that any given district should possess a monopoly of routes and traffic. If such a principle of exclusion should be allowed to prevail, then a very important district in the centre of North Wales would be left to the inconvenience of the old though not quite obsolete means of communication, and thus probably be debarred from progressing in wealth by the development of its minerals and other products.

Câi'r cwmnïau rheilffyrdd gefnogaeth gyson gan y wasg trwy hysbysu'r cyhoedd o fanteision y rheilffyrdd. Yn ôl y *Carnarvon & Denbigh Herald*, byddai Rheilffordd Aberystwyth ac Arfordir Cymru yn cysylltu de a gogledd Cymru, yn dwyn ardaloedd helaeth i gysylltiad â Lloegr, ac yn ffurfio rhwydwaith o ganghennau: 'bringing into trade proximity, localities hitherto inevitably isolated from each other by the absence of all transit traffic'. Honnai'r papur y dylai ennill cefnogaeth pawb a oedd am i Gymru dlawd dderbyn bendithion Prydain, sef 'capital, enterprise, skill, and labour', fel y byddai masnach lewyrchus yn bodoli rhwng Cymru a Lloegr.

Yr oedd nifer o olygyddion a gohebwyr y wasg yn ymwybodol o ddiffygion y cysylltiadau rhwng de a gogledd Cymru, ac yn cymeradwyo rheilffyrdd a fyddai'n debygol o wella'r sefyllfa. Canmolwyd amcanion The Great North and South Wales Railway gan y *Welshman* ym 1845:

> Its local agents are indefatigable, and seem determined that Aberystwyth shall reap the full benefit of their exertions. Carmarthen and Cardigan also will be most materially improved, and there is no doubt, that the supplying of a means of communication between North and South Wales is a desideratum that has been long required.

Credai Talhaiarn mai'r ffordd orau o wneud hyn fyddai adeiladu rheilffordd rhwng Y Rhyl ac Aberdâr, ac ym 1858 cyfeiriodd *Baner Cymru* yn edmygus at y rhwydwaith arfaethedig o Fanceinion i Aberdaugleddau. Er i sylwebyddion diweddarach gyfeirio at y rheilffordd hon fel enghraifft o'r modd yr wfftiai'r cwmnïau rheilffyrdd at undod Cymru, yr oedd yn ateb gofynion gohebydd y *Faner* i'r dim. Byddai'n uno de a gogledd Cymru, ac ar yr un pryd yn gosod Cymru ar lwybr masnach rhwng 'prif ddinas llaw-weithfaoedd y deyrnas trwy ffordd haearn â'r porthladdoedd goreu yn y byd'. Nid oedd W. W. E. Wynne, Peniarth, yn awyddus i sefydlu cysylltiad o fath yn y byd rhwng sir Feirionnydd ac Aberystwyth gan na fu ar gyfyl Aberystwyth rhwng 1848 a 1864. Credai fod cysylltiadau rhwng y dwyrain a'r gorllewin yn llawer pwysicach na chysylltiadau rhwng y de a'r gogledd. Y farn gyffredinol yn Aberdyfi oedd bod y fferi yn ddigonol, a thystiai C. F. Thurston, tirfeddiannwr lleol, mai dim ond un asyn a chert a âi'n wythnosol i gyfeiriad Aberystwyth. Cyflwynwyd y dystiolaeth hon er mwyn cefnogi mesur Rheilffordd

21 Castell Conwy a Rheilffordd Caer a Chaergybi (Casgliad John Thomas).

22 Aberdyfi a Rheilffordd y Cambrian (Casgliad John Thomas).

Aberystwyth ac Arfordir Cymru a oedd am ailgyfeirio ei rheilffordd o Aberdyfi tua'r dwyrain, a cheir awgrym clir mai cysylltiadau â Lloegr a oedd yn bwysig i dirfeddianwyr lleol.

Gan mai mentrau masnachol oedd y rheilffyrdd, yr oedd yn rhaid i gwmnïau godi cyfalaf o ffynonellau preifat. Rhoddai deddfau seneddol y cwmnïau hawl iddynt godi cyfalaf penodol trwy gyfranddaliadau, a chyfalaf pellach ar fenthyg. Gallai rheilffyrdd dderbyn buddsoddiad gan unigolion, banciau, cwmnïau yswiriant, a chwmnïau rheilffyrdd eraill. Buddsoddwyd £1 miliwn gan y London and Birmingham Railway yng nghwmni Rheilffordd Caer a Chaergybi ym 1844. Ym 1846 daeth y London and Birmingham yn rhan o'r London and North Western Railway, a daeth y rheilffordd o Gaer i Gaergybi yn rhan o'r cwmni hwnnw ym 1859. Digwyddodd yr un peth yn achos Rheilffordd De Cymru. Cyfrannwyd £½ miliwn iddi gan y Great Western Railway, rhedai ar gledrau llydain y Great Western, a defnyddiai drenau'r Great Western cyn iddi gael ei thraflyncu gan y cwmni hwnnw ym 1863. Yn ystod ymchwydd fuddsoddi 1845–6 cyhoeddwyd cynlluniau i adeiladu rheilffyrdd ym mhob cwr o Gymru. Wrth annerch cyfarfodydd cyhoeddus yn Aberystwyth, pwysleisiodd arweinwyr rhai o'r cynlluniau hyn na fyddai'n rhaid i drigolion sir Aberteifi ysgwyddo'r baich o ariannu'r rheilffyrdd, dim ond dangos ewyllys da a pharodrwydd i ddarparu tir am bris rhesymol. Disgwylid i hap-anturwyr o Loegr gymryd yr holl gyfranddaliadau, ond diffyg buddsoddiad oedd un o'r rhesymau pennaf dros fethiant y cynlluniau a gyhoeddwyd yn y 1840au. Erbyn 1850 yr oedd buddsoddwyr a hap-anturwyr yn amharod i fentro buddsoddi mewn rheilffyrdd newydd. Cawsai'r rheilffyrdd pwysicaf ym Mhrydain (a'r mwyaf atyniadol i fuddsoddwyr) eu hagor eisoes, a dadrithiwyd nifer o hap-fuddsoddwyr pan ddilynwyd ymchwydd economaidd ym mlynyddoedd canol y 1840au gan ddirwasgiad.

Yn ystod blynyddoedd anffafriol y 1850au y gosodwyd sylfeini'r rheilffyrdd yng nghanolbarth Cymru, sef rhwng Caerfyrddin a Chaernarfon, a rhwng Aberystwyth ac Amwythig. Bu'n rhaid i nifer o'r cwmnïau hyn bwyso'n drwm ar fuddsoddiadau lleol yn ystod y blynyddoedd cynnar, a hynny mewn cyfnod pan nad oedd y rheilffyrdd wedi eu cwblhau a phan nad oedd cyfranddalwyr yn derbyn buddran. Tirfeddianwyr a masnachwyr oedd rhai o'r buddsoddwyr amlycaf yn rheilffyrdd canolbarth Cymru. Yn aml yr oedd tanysgrifiadau sylweddol gan dirfeddianwyr yn penderfynu tynged mesur seneddol. Pan sefydlwyd Rheilffordd Croesoswallt a'r Drenewydd ym 1855 cafwyd tanysgrifiad o £2,000 oddi wrth William Ormsby Gore, £1,000 oddi wrth Iarll Powis a £10,000 oddi wrth John Naylor, Leighton, ger Y Trallwng. Oddi wrth dirfeddianwyr y daeth 49 y cant o danysgrifiad Rheilffordd Croesoswallt a'r Drenewydd ym 1855, a 46 y cant o danysgrifiad Rheilffordd Caerfyrddin ac Aberteifi ym 1854.

Cefnogid y rheilffyrdd mewn modd ymarferol gan haenau canol y trefi, yn gyfreithwyr, yn feddygon ac yn fasnachwyr. Cyfrannodd diwydianwyr a masnachwyr Llanidloes 25 y cant o'r tanysgrifiad ar gyfer Rheilffordd Llanidloes a'r Drenewydd ym 1853. Bu amaethwyr hefyd yn cefnogi'r rheilffyrdd trwy brynu cyfranddaliadau, er nad yw rhestrau'r tanysgrifwyr yn gwahaniaethu rhwng rhydd-ddeiliaid a thenantiaid. Awgrymwyd eisoes fod cefnogaeth leol yn gymorth i gwmnïau yn eu hymgais i ddarbwyllo pwyllgorau seneddol o rinweddau eu cynllun. Un prawf o'r gefnogaeth leol oedd y rhestr faith o fuddsoddwyr lleol yn y cytundeb tanysgrifwyr yr oedd gorfodaeth ar gwmnïau i'w gyflwyno gerbron y Senedd er mwyn dangos fod gan y cwmni gyfalaf ar gyfer adeiladu'r rheilffordd.

Beth oedd y cymhellion dros fuddsoddi yn y rheilffyrdd? Ceir awgrymiadau yng ngalwad Arthur James Johnes am fuddsoddwyr i Reilffordd Croesoswallt a'r Drenewydd ym

1855. (Bu Johnes yn farnwr yn llysoedd gogledd Cymru ac yn un o gyfarwyddwyr y rheilffordd honno am gyfnod). Deallai Johnes paham yr oedd tirfeddianwyr yn anfodlon buddsoddi mewn mentrau rheilffyrdd blaenorol. Trwy diroedd Arglwydd Cawdor yn bennaf y rhedai Rheilffordd Dyffryn Tywi o Landeilo i Lanymddyfri, ond ni chredai Cawdor y dylai tirfeddiannwr gymryd rhan mewn mentrau masnachol megis rheilffyrdd. Dadl Johnes oedd fod Rheilffordd Croesoswallt a'r Drenewydd yn wahanol i gwmnïau megis y London and North Western, gan mai lles economaidd trigolion sir Drefaldwyn oedd blaenoriaeth y rheilffordd. Fel yr oedd dyletswydd i gyfrannu at welliannau cyhoeddus megis ysgolion, addoldai ac ysbytai, felly yr oedd dyletswydd ar bob haen o'r gymdeithas i gyfrannu at adeiladu rheilffyrdd. Apeliai'r cynllun cyhoeddus hwn at ymwybyddiaeth y tirfeddianwyr o'u swyddogaeth dadol, ac o'u cyfrifoldeb at eu deiliaid ac at y tlodion yn y gymdeithas. Rhag ofn nad oedd hyn yn ddigon o ysgogiad, aeth Johnes ymlaen i nodi'r manteision personol a ddeuai i ran tirfeddianwyr yn sgil dyfodiad rheilffordd. Ar wahân i logau ar gyfranddaliadau, byddai rheilffordd yn agor marchnadoedd i gynnyrch amaethyddol ac yn codi gwerth tir. Pwyswyd ar dirfeddianwyr i gefnogi'r rheilffyrdd trwy eu hysbysu bod gwireddu cynllun yn ddibynnol ar eu cydweithrediad a bod gwŷr blaenllaw eisoes ynghlwm wrth y fenter. Apeliwyd ar W. T. R. Powell, Nanteos, i gefnogi'r rheilffordd arfaethedig o Lanbedr Pont Steffan i Aberaeron ym 1864 gan ei fod eisoes yn un o gyfarwyddwyr Rheilffordd Manceinion ac Aberdaugleddau, a chan fod tirfeddianwyr amlycaf dyffryn Aeron, sef Cyrnol Lewes, Llan-llŷr, ac A. J. Davies, Tyglyn, eisoes wedi addo eu cefnogaeth.

Rhan o apêl y rheilffyrdd oedd eu bod yn dwyn manteision i bob carfan gymdeithasol, o'r aelod seneddol a fyddai'n teithio'n ôl ac ymlaen i Lundain, i'r masnachwr a dderbyniai nwyddau rhatach o lawer. Byddai tenantiaid ffermydd yn elwa'n fwy na neb yn sgil lledaenu dulliau newydd o amaethu a gwybodaeth am brisiau amaethyddol. Byddai arbediad sylweddol ar gostau yn sgil dyfodiad rheilffordd yn gyfiawnhad digonol dros brynu cyfranddaliadau. Yr awydd hwn i sicrhau manteision a darpariaethau helaethach a osododd y sylfeini ar gyfer nifer o reilffyrdd yn ardaloedd gwledig Cymru.

Yr oedd cynnwys enwau tirfeddianwyr amlwg ymhlith y cyfarwyddwyr yn dwyn urddas i gwmni newydd, ac yn abwyd i fuddsoddwyr eraill. Yr oedd hygrededd y cyfarwyddwyr yn allweddol i unrhyw reilffordd a geisiai gefnogaeth a buddsoddiad lleol. I'r *Welshman*, yr oedd enwau Dug Newcastle, Iarll Lisburne, y Cyrnol Powell a Pryse Pryse (tirfeddianwyr mwyaf sir Aberteifi) ar bwyllgor rheilffordd arfaethedig ym 1845 yn ddigon i sicrhau ei hygrededd. Ym 1860 cyflwynwyd dau gynllun cyffelyb i agor rheilffordd gan Reilffordd Canol Cymru a Rheilffordd Manceinion ac Aberdaugleddau. Yr unig wahaniaeth rhwng y ddau gynllun, yn ôl y Cyrnol Edward Pryse, Peithyll, oedd fod ganddo ffydd yn William Chambers a chyfarwyddwyr eraill Rheilffordd Aberystwyth ac Aberdaugleddau oherwydd eu cysylltiadau lleol, tra oedd enwau arweinwyr Rheilffordd Canol Cymru yn ddieithr iddo. Ategwyd dyfarniad Pryse gan yr *Aberystwyth Observer*:

> The respectability of the list of directors is a guarantee to the shareholders that their money will only be expended in the right way, and that they will be dealt with in strict business-like manner.

Pan gwynodd yr Arglwydd Newborough wrth y North Wales Railway ym 1845 fod ei enw wedi ei gynnwys yn ddiarwybod iddo, cafodd ar ddeall mai dyna oedd yr arfer cyffredin hyd nes i reilffordd sicrhau deddf seneddol. Yn ôl David Howell (ysgrifennydd Rheilffordd Y Drenewydd a Machynlleth), ni fu unrhyw golled ar ôl i W. W. E. Wynne ymddiswyddo o fwrdd y cyfarwyddwyr ym 1857 gan na fu'n bresennol mewn unrhyw gyfarfod erioed. Cyfaddefodd yr Arglwydd Seaham na fu ar gyfyl cyfarfodydd Rheilffordd Amwythig ac Aberystwyth ym 1852, er ei fod yn un o'r cyfarwyddwyr amodol. Yn hytrach, gadawodd y cyfan yn nwylo medrus Iarll Powis. Yn wahanol i Seaham, ni ellid cyhuddo Powis o ddiogi, gan iddo weithredu fel cadeirydd i gwmnïau Rheilffordd Amwythig a'r Trallwng a Chamlas Unedig Swydd Amwythig. Cadwai David Pugh, Llanerchydol, ddyddiadur a oedd yn dangos maint ei ymrwymiad i Reilffordd Croesoswallt a'r Drenewydd tra oedd yn gadeirydd arni. Treuliai ddyddiau bwygilydd yn swyddfeydd y cwmni yn Y Trallwng yn cyflawni gwaith gweinyddol. Ei ragflaenwyr yn y gadair oedd William Ormsby Gore, Brogyntyn, a Syr Watkin Williams Wynn, Wynnstay. Ceisiai rhai tirfeddianwyr ddylanwadu ar gwmnïau rheilffyrdd a oedd yn effeithio ar eu hystadau. Ym 1861 bu'n rhaid i gyfarwyddwyr Rheilffordd Aberystwyth ac Arfordir Cymru ddadwneud gwaith eu cyfreithiwr a oedd wedi cynnwys cymal ym mesur seneddol y cwmni yn rhoi hawl i Pryse Pryse (1838–1906) a'i olynwyr yng Ngogerddan benodi un o gyfarwyddwyr y cwmni. Sylweddolodd y cyfarwyddwyr y byddai'r cymal hwn yn gelyniaethu'r boblogaeth leol a chytunodd Pryse i'w ddiddymu. Llwyddodd Iarll Powis i ennill yr hawl iddo ef ei hun a'i olynwyr i benodi cyfarwyddwr i Fwrdd Rheilffordd Croesoswallt a'r Drenewydd, a defnyddiodd ei ddylanwad i geisio hyrwyddo ei fuddiannau ei hun mewn cwmnïau rheilffordd eraill.

Pan sefydlwyd Rheilffordd Aberystwyth ac Arfordir Cymru ym 1861, ychydig iawn o fuddsoddiad a gafwyd gan dirfeddianwyr a masnachwyr, er i rai o berchenogion llongau Aberdyfi brynu cyfranddaliadau. Tystiodd J. W. Johns, yr is-gadeirydd, mai o Lundain a Manceinion y cafwyd holl gyfalaf y cwmni, a chyfaddefodd nad tasg hawdd oedd codi arian yng

Nghymru. O fethu codi cyfalaf digonol o du hap-anturwyr neu dirfeddianwyr lleol, trôi nifer o gwmnïau yng Nghymru at gontractwyr. Y contractwyr oedd yn gyfrifol am adeiladu rheilffyrdd, a gwnaent hynny drwy ddilyn cyfarwyddyd y peiriannydd. Fel arfer, telid y contractwr ag arian parod pan hysbysai'r peiriannydd y cyfarwyddwr fod y gwaith wedi ei gyflawni. Pan na fyddai hynny'n bosibl, câi'r contractwr ei dalu ar ffurf cyfranddaliadau'r cwmni. Byddai'r contractwr yn trosglwyddo'r rhain i fuddsoddwyr am bris gostyngol, gan ei alluogi i dalu am ddeunyddiau i adeiladu'r rheilffordd, ynghyd â chyflogau'r gweithwyr. Thomas Savin (1826–84) a David Davies (1818–90) oedd y contractwyr amlycaf yng Nghymru, a bu'r ddau hyn yn bartneriaid rhwng 1858 a 1861. Ychydig fisoedd cyn ei fethdaliad yr oedd gan Savin gyfalaf o £300,000 yn adran yr arfordir o Reilffyrdd y Cambrian (cyfanswm y cyfalaf cyffredin oedd £384,000). Eto i gyd, ychydig iawn o gyfranddaliadau a oedd wedi eu cofrestru yn enw Savin; trosglwyddwyd y rhan fwyaf i fuddsoddwyr Seisnig, gan gynnwys banciau a chwmnïau yswiriant.

Cyhuddid contractwyr yn aml o ddefnyddio cyfarwyddwyr a chyfranddalwyr fel pypedau yn eu hawydd i ehangu'r rhwydwaith rheilffyrdd er lles personol. Gallai cyfarwyddwyr ddiswyddo contractwyr a'u dwyn i gyfrif, ond rhwng 1860 a 1866 ymddengys fod gan Thomas Savin reolaeth gadarn dros gyfarwyddwyr y cwmnïau yr oedd yn gontractwr iddynt. Gan fod y gwaith o redeg y trenau wedi ei ymddiried i Savin, yr oedd hyd yn oed y locomotifau yn ei feddiant. Ofnai rhai o gyfarwyddwyr Rheilffordd Aberystwyth ac Arfordir Cymru fod Savin yn ceisio ymestyn ei ddylanwad trwy gael ei gefnogwyr i fod yn gyfarwyddwyr, ac fe'i cyhuddwyd o beryglu cyfalaf y cwmni trwy fuddsoddi'n fyrbwyll. Mynegwyd pryderon cyfarwyddwyr y cwmni yn eu hadroddiad chwe-misol ym mis Chwefror 1864:

> It appears to the Directors that the real issue is, whether a Board representing all interests in the Company, or Mr. Savin the contractor, and his nominees, shall have the future control of the affairs of the Company.

Ychydig yn ddiweddarach gorfodwyd mwyafrif cyfarwyddwyr y cwmni i ymddiswyddo, a chymerwyd eu seddau gan gyfeillion Savin. Un arwydd o fyrbwylltra Savin yw'r ffaith i David Davies dorri'r cysylltiad rhyngddynt. Aeth Savin yn fethdalwr ym 1866 ac aeth Rheilffyrdd y Cambrian i ddyfroedd dyfnion, yn enwedig pan ddechreuodd tirfeddianwyr ddwyn achosion cyfreithiol yn erbyn y cwmni am fethu â thalu am diroedd a feddiannwyd ganddynt. Ar y llaw arall, daeth David Davies i amlygrwydd ehangach yn y 1860au fel ymgeisydd seneddol, arwydd o'r modd yr heriwyd gafael y tirfeddianwyr ar ddylanwad gwleidyddol yng Nghymru. Pan sefydlwyd y rheilffyrdd canmolwyd tirfeddianwyr am eu harweinyddiaeth gan gyfranddalwyr a'r cyhoedd. Erbyn agor nifer o reilffyrdd y canolbarth, Davies a Savin oedd yr arwyr. Er i Iarll Vane barhau'n gadeirydd Rheilffyrdd y Cambrian, gellid dadlau bod goruchafiaeth y contractwyr yn un rhan o'r proses o danseilio grym economaidd a gwleidyddol y tirfeddianwyr Cymreig yn ystod ail hanner y bedwaredd ganrif ar bymtheg.

Wrth edrych ymlaen at agor y rheilffordd rhwng Caerfyrddin a Phencader ym 1860, rhyfeddai un o ohebwyr *Baner ac Amserau Cymru* at 'y fath gyfnewidiad y mae y ffyrdd haearn wedi effeithio ar ein gwlad; y maent yn llythyrenol wedi troi Cymru wyneb i wared'. Cyfeirio at newidiadau economaidd a wnâi'r gohebydd hwn, at y pentrefi di-nod a ddaethai'n drefi mawrion, at y cynnydd yng ngwerth tiroedd, ac at y gobaith y cwympai pris calch yn Llanpumsaint o 24 swllt y dunnell i 12 swllt wedi agor y rheilffordd. Y mae'n anodd gosod terfynau wrth olrhain effaith y rheilffyrdd ar economi, cymdeithas, gwleidyddiaeth, iaith a chrefydd Cymru. Yn ôl John Davies, '[a]nodd darganfod unrhyw agwedd ar fywyd Cymru na thrawsffurfiwyd mohoni gan *locomotion*'. Rhoddir sylw yng ngweddill yr ysgrif hon i rai agweddau yn unig.

Bu'r rheilffyrdd yn allweddol i dwf twristiaeth yng Nghymru trwy ddwyn ymwelwyr o Loegr i ganolfannau glan y môr megis Llandudno ac Aberystwyth. Elwai'r Cymry hefyd ar ddarpariaeth y trên, gan deithio arni i eisteddfodau, i gyfarfodydd pregethu, yn ogystal ag i'r traethau. Trefnid teithiau pleser ar gyfer carfanau penodol a chan gymdeithasau amrywiol. Ym mis Awst 1861 cludwyd tua 1,400 o ddirwestwyr o sir Drefaldwyn i Wynnstay, cartref Syr Watkin Williams Wynn. Bwriad y daith, a drefnwyd gan Gymdeithas Ddirwestol Y Trallwng, oedd ymweld â gerddi Syr Watkin. I gyfeiliant seindorf, cerddodd y teithwyr o'r orsaf i'r plas cyn gwledda ar 200 pwys o fara brith, 1,000 o frechdanau eidion a ham, 15 pwys o de, a 800 potel o ddiod sinsir. Buasai'n amhosibl trefnu teithiau i gynifer o bobl cyn dyfodiad y rheilffyrdd. Abermo oedd cyrchfan 1,200 o ddirwestwyr ym 1867: fe'u cludwyd mewn 30 o gerbydau y tu ôl i ddwy locomotif. Teithiodd y 'First Montgomery Volunteers' ar y rheilffordd i Bont-dôl-goch ar wahoddiad eu capten, C. T. Woosnam. Dringwyd i ben un o'r bryniau cyfagos, ac wedi cynnau tân cafwyd yr hyn a ddisgrifiwyd yn 'excellent spread'. Hybid y math hwn o deithiau pleser gan Reilffyrdd y Cambrian trwy gynnig telerau arbennig i grwpiau o fwy na chwech (dosbarth cyntaf) neu ddeg (ail a thrydydd dosbarth). Treuliodd 300 o weithwyr ffatrïoedd gwlân Llanidloes a'r Drenewydd ddiwrnod ar draeth Y Borth ddiwedd haf 1867, a chwifiwyd baner ganddynt i ddymuno iechyd da i gyfarwyddwyr y ffatrïoedd. Darparwyd teithiau pleser gan Reilffyrdd y Cambrian ar gyfer eu gweithwyr a'u teuluoedd, a chludwyd rhwng 700 ac 800 o bobl o Groesoswallt i Aberystwyth am ddiwrnod o wyliau ym mis Awst 1867.

Hwyluswyd y gwaith o deithio i gyfarfodydd crefyddol a diwylliannol gan y rheilffyrdd. Denid tyrfaoedd sylweddol gan gyfarfodydd pregethu neu pan agorid addoldai newydd. Pan gytunodd Owen Thomas, Lerpwl, i ymuno â nifer o bregethwyr blaenllaw ar achlysur agor capel newydd y Methodistiaid Calfinaidd ym Machynlleth ym 1867, penderfynodd rheolwr Rheilffyrdd y Cambrian gynnig tocynnau rhad i fynychwyr y cyfarfodydd a ddaliai'r trên yng ngorsafoedd Penmaen-pŵl, Aberystwyth a'r Drenewydd. Nid oedd yr un garfan yn gwerthfawrogi'r rheilffyrdd yn fwy na phregethwyr yr efengyl wrth deithio i'w cyhoeddiadau. Yn ôl William Ambrose (Emrys): 'Y mae y dull hwn o deithio yn wasanaethgar iawn i'r efengyl. Arbedant wythnosau mewn blwyddyn o amser pregethwyr, yr hwn a wastreffid wrth deithio.' Yr oedd yr Eisteddfod Genedlaethol hithau yn ddyledus i'r rheilffyrdd am chwyddo nifer yr eisteddfodwyr o'r 1860au ymlaen. Trefnodd Ab Ithel deithiau i Eisteddfod Llangollen ym 1858, ac yn ddiweddarach cynigid tocynnau rhad gan y cwmnïau rheilffyrdd. Pan gynhaliwyd yr Eisteddfod yn Aberystwyth ym 1865 darparwyd trenau arbennig gan Reilffyrdd y Cambrian. Llifai'r eisteddfodwyr i Aberystwyth ar drenau o siroedd Trefaldwyn a Morgannwg, yn eu plith gystadleuwyr lleisiol ac offerynnol.

Serch hynny, nid oedd croeso i bob agwedd ar ddarpariaeth y rheilffyrdd. Bu gwasanaethau rheilffordd ar y Sul yn destun dadlau ledled Prydain a gwrthododd rhai o gyfranddalwyr y London and North Western dderbyn y ganran o'u llogau a enillwyd ar y Sul. Mor gynnar â 1845 cododd cynnwrf ym Mhwllheli pan welwyd tirfesurwyr rheilffordd wrth eu gwaith ar y Sul. Cododd cyfranddalwyr i wrthwynebu bwriad Rheilffordd Dyffryn Clwyd i redeg trenau ar y Sul ym 1859, gan fygwth gadael y cwmni neu wrthod derbyn unrhyw fuddran. Canmolwyd eu safiad yn *Baner ac Amserau Cymru* gyda'r geiriau 'Dyma ysbryd teilwng o Gymry!' ac ymosodwyd ar drenau'r Saboth gan un o ohebwyr y papur:

> Yn fuan daw yr haf, a bydd pobl y trefydd yna yn dod i'r wlad gyda'r cheap trips, hyd y tir a'r dwfr. Mi glywais fod pobl glan y môr, a lleoedd y ffordd haiarn, yn cwyno yn ofnadwy yn achos y Sabbath yn yr amgylchiadau hyn. Pobl y trefydd mawr yna yn dyfod i mewn iddynt yn heidiau gwylltion, . . . yn achlysuro llygredigaethau arswydus. Mae yn rhaid fod amynedd Duw yn anfeidrol. Ac mi fyddaf yn dymuno bendith ar ben pobl Dinbych am gario allan benderfyniad i beidio rhoddi Sunday trains.

Mater arall a oedd yn ymwneud â'r Sul oedd darparu gwasanaethau ar gyfer ymwelwyr. Yr oedd Abermo yn gryn atyniad i offeiriaid a'u teuluoedd oherwydd y tawelwch, y golygfeydd a'r gwasanaethau Saesneg a gynhelid ar y Sul. Yn sgil dyfodiad y rheilffordd deuai mwy o Ymneilltuwyr o Loegr ar eu gwyliau i Gymru, ac nid oeddynt yn fodlon mynychu gwasanaethau Saesneg yn yr eglwys sefydledig. Ym 1867 cwynodd gweinidog o Lundain ynglŷn â hyn tra oedd ar ei wyliau yn Nolgellau:

> what are the Welsh Calvinistic ministers, and other nonconformists about, that they do not provide at least one English service every Sunday during the season?

Buasai Ymneilltuwyr Cymru yn ymwybodol o ledaeniad tebygol y Saesneg ymhell cyn 1867. Ofnai David Rees, Llanelli, ynghylch dyfodol y Gymraeg, 'ond trueni fydd i Annibyniaeth ac Ymneilltuaeth ddiflannu gyda hi oherwydd ystyfnigrwydd a phenbwleidd-dra ei charedigion'.

Wrth edrych ymlaen at y flwyddyn 1845 rhagwelai'r *Diwygiwr* gynnwrf mawr mewn crefydd, masnach a gwleidyddiaeth: 'mae rhydd fasnachaeth wrth y drws, a lliaws mawr o reilffyrdd ar droed'. Byddai'r rheilffordd yn diddymu'r pellter rhwng Cymru a Lloegr, ond yr un pryd sylweddolwyd nad oedd Cymru yn wlad ddigon aeddfed i ymuno â'r oes o gynnydd a gynrychiolid gan y march haearn. Tra oedd William Williams, AS Coventry, yn galw am ymchwiliad i ddiffygion addysg yng Nghymru ym 1846, yr oedd sôn am gynlluniau megis Rheilffordd De Cymru a Rheilffordd Caerwrangon a Phorthdinllaen yn ysgytiad i'r Cymry: ofer fyddai cysylltiad uniongyrchol â 'metropolis' yr Ymerodraeth tra'r parai'r Cymry yn bobl uniaith ac annysgedig. Ofnid y byddai lledaeniad y rheilffyrdd yn amlygu anwybodaeth y Cymry. Chwedl gohebydd o Aberystwyth:

23 Rhoddai Samuel Roberts (SR), Llanbryn-mair, gryn bwys ar rinweddau'r farchnad rydd ac iwtilitariaeth wrth hybu'r rheilffyrdd.

> the proximity and paramountship of England make all the difference. It is impossible for Wales to be in a state of insulation, and on this day, for its inhabitants to remain without a knowledge of the English Language is no more no less than be a race of Helots.

Honnodd gohebydd yn y *Welshman* ym 1846 nad oedd yn dymuno tranc y Gymraeg, ond y dylai'r Cymry sylweddoli fod newidiadau gwyddonol, cymdeithasol, gwleidyddol a moesol chwyldroadol eisoes ar droed:

> this is the age . . . of Railways and Steam appliance of all kinds. Science is putting on her full strength, knowledge is not running but flying to and fro.

Hanfodion yr oes wyddonol hon oedd y rheilffyrdd a'r iaith Saesneg. Nid oedd modd eu hatal, a gallai'r Cymry naill ai gydweithio â Lloegr neu genfigennu wrthi. Trwy groesawu'r dylanwadau newydd hyn, meddai, deuai Cymru yn wlad rydd, yn rhydd oddi wrth ragfarnau, tlodi a thorcyfraith.

Rhybuddiwyd darllenwyr *Y Diwygiwr* gan y golygydd David Rees fod 'gennym lawer iawn i wneud i ddarparu ar gyfer y cyfnewidiadau rhyfedd sydd o'n blaen er eu gwneud yn fanteisiol mewn modd tymhorol ac ysbrydol'. Egwyddor hollbwysig ar gyfer llwyddo yn dymhorol oedd 'diwydrwydd'. Cyhoeddwyd erthygl ar y pwnc yn *Baner ac Amserau Cymru* ym 1858 a oedd yn fynegiant o hyder oes Victoria mewn iwtilitariaeth. Ymddengys mai 'diwydrwydd' oedd yr allwedd i bob cynnydd a llwyddiant, gan gynnwys peirianwyr megis George Stephenson a Brunel, a phregethwyr megis John Elias a Christmas Evans:

> Diwydrwydd yw deddf fawr llwyddiant yn ei holl gysylltiadau. Dyma y llwybr i oruchafiaeth. Dyma y porth cyfyng trwy ba un y mae yn rhaid i ni fyned i mewn i lwyddiant a hapusrwydd. Y newyn am

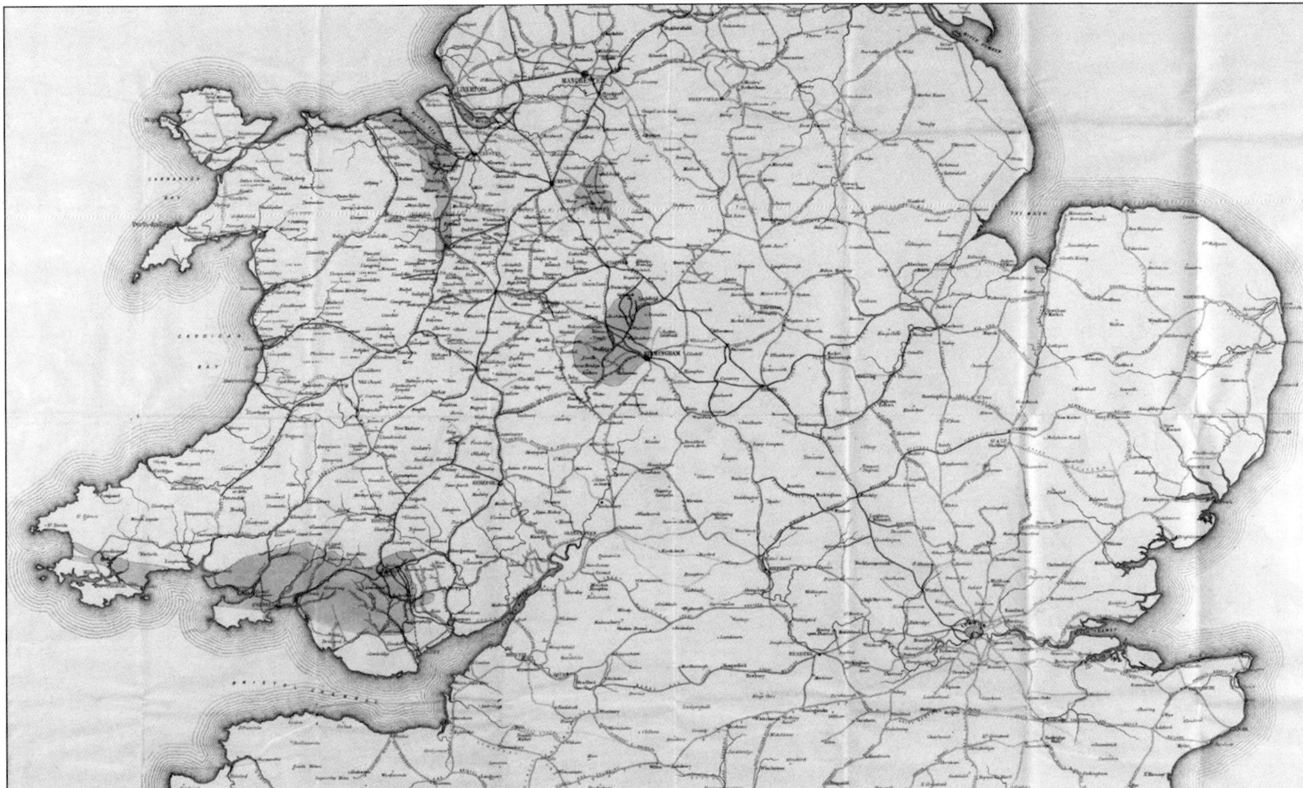

24 Map o reilffyrdd Cymru *c.*1864 (LLGC, Peniarth 557C).

> wybodaeth, y newyn am awdurdod, am fedr, am gyflymder, a phleser, yn nghyd â'r newyn am brydferthwch cynghanedd, a bri, a ddiwellir oll gan ddiwydrwydd . . . Ein llongau, ein hagergerbydau, ein gwresfesurydd, ein gwefrhysbysai, ein hawrlais, ein chwyddwydr, ein soddlglychau, ein camlesydd, ein llaw-weithfeydd, ein masnachdai, ein haddoldai, ein hathrofäau, yn nghyd â'r holl gydgymmysgedd o wyddoniaeth a chelfyddyd ag sydd yn tueddu i ddyrchafu dedwyddwch tymmorol y natur ddynol, ydynt oll yn gynyrchion diwydrwydd . . . onid yw Cymru oll yn hysbys am yr areithwyr digymar hynny, John Elias, Christmas Evans, Jones o Dal y Sarn a Williams o'r Wern, eu bod wedi cyrraedd y fath ddyrchafiad yn nghilddanedd yr anhawster mwyaf, a hynny yn gwbl trwy ddiwydrwydd?

Gosododd yr awdur hwn yr 'agergerbydau' neu'r rheilffyrdd yng nghyd-destun ehangach oes a oedd yn cynyddu o ran crefydd, diwylliant, gwybodaeth a diwydiant. Yn ei dyb ef, bu dyfodiad y march tanllyd yn ysgogiad i'r Cymry gymryd eu lle yn y cynnydd hwn. Nid tan yr ugeinfed ganrif y sylweddolwyd bod diffygion yn perthyn i'r rhwydwaith o reilffyrdd a oedd yn cysylltu rhannau o Gymru ag ardaloedd poblog Lloegr. Honnodd golygydd y *Welsh Outlook* ym 1924 mai rheilffyrdd Cymru oedd y rhwydwaith gwaethaf yn y byd o safbwynt cenedlaethol am nad oeddynt yn fodd i uno de a gogledd. Ond yn nhyb caredigion oes cynnydd Victoria, dwyn Cymru i gysylltiad agosach â Lloegr oedd un o fanteision pennaf y rheilffyrdd. O ganlyniad i'r cysylltiad â Lloegr y digwyddodd y 'chwyldro' a ddisgrifiwyd gan Robert Williams yn y dyfyniad ar ddechrau'r ysgrif hon.

At ei gilydd, rhoddwyd croeso brwd i'r rheilffyrdd yng Nghymru, er gwaethaf rhai ofnau ac amheuon ynglŷn â'u dylanwad moesol ac ieithyddol. Dethlid agoriad y rheilffyrdd â seremonïau rhwysgfawr, a bu'r 'Haiarnfarch' yn gyfrwng i newid arferion teithio a chludo nwyddau. Wrth i drawstoriad eang o bobl brynu cyfranddaliadau daeth llwyddiant y rheilffyrdd yn arwydd o ddyhead cymunedau am gynnydd ac am ddiwygiadau pellach. Gan fod cymaint o dystiolaeth ynghylch effaith y rheilffyrdd ar ymron pob agwedd ar fywyd y bedwaredd ganrif ar bymtheg, y mae perygl gorbwysleisio eu dylanwad cymdeithasol. Ond ni ellir gwadu na fu'r 'Haiarnfarch' yn fodd i ennyn brwdfrydedd dros gynnydd cenedl y Cymry yn ystod oes Victoria.

DARLLEN PELLACH

D. S. M. Barrie, *A Regional History of the Railways of Great Britain: Vol. 12 South Wales* (Newton Abbot, 1980).

Peter E. Baughan, *A Regional History of the Railways of Great Britain: Vol. 11 North and Mid Wales* (Nairn, 1991).

John Davies, *Cardiff and the Marquesses of Bute* (Caerdydd, 1981).

Hywel Teifi Edwards, *Gŵyl Gwalia:Yr Eisteddfod Genedlaethol yn Oes Aur Victoria 1858–1868* (Llandysul, 1980).

David W. Howell, 'The Impact of Railways on Agricultural Development in Nineteenth-Century Wales', *Cylchgrawn Hanes Cymru*, 7, rhif 1 (1974).

Dot Jones, 'Dyfodiad y rheilffordd a newid iaith yng ngogledd Cymru', yn Geraint H. Jenkins (gol.), *'Gwnewch Bopeth yn Gymraeg': Yr Iaith Gymraeg a'i Pheuoedd, 1801–1911* (Caerdydd, 1999).

D. Tecwyn Lloyd, *Safle'r Gerbydres ac Ysgrifau Eraill* (Llandysul, 1970).

Jack Simmons, *The Railway in Town and Country 1830–1914* (Newton Abbot, 1986).

Jack Simmons, *The Victorian Railway* (Llundain, 1991).

Herbert Williams, *Davies the Ocean: Railway King and Coal Tycoon* (Caerdydd, 1991).

CHWIW FEICIO CYMRU'R 1890au

Steven Thompson

The newness of the thing surpasses the intelligence of people in country districts.

'Pneumatic', *South Wales Daily News*, Mai 1898

Yn ystod y 1890au meddiannwyd Ewrop ac America gan y chwiw feicio. Am gyfnod, daeth beicio'n boblogaidd dros ben ac yn weithgaredd hynod o ffasiynol. Sefydlwyd nifer mawr o glybiau beicio ac adeiladwyd felodromau a thraciau beiciau. Daeth beicwyr proffesiynol, gan gynnwys beicwyr Cymru, yn sêr eu dydd, a sonnid am eu gweithgareddau yn y cyfryngau torfol ac yn y wasg feicio arbenigol newydd. At hyn, daeth y syniad o fenywod yn beicio, ac yn enwedig eu gwisg 'resymegol' newydd, neu'r *bloomers*, yn bwnc dadleuol, a thrafodid yr effeithiau meddygol ar y menywod hyn yn y wasg feddygol. Cysylltid beicio â phatrymau adloniant newydd, technoleg newydd, prynwriaeth, hysbysebu, balchder dinesig a hyd yn oed fodernedd. Felly, y mae gwybod am bwysigrwydd beicio yn sylfaenol i unrhyw ymgais i geisio deall hanes diwylliannol, cymdeithasol ac economaidd y cyfnod, ynghyd â'r berthynas rhwng y rhywiau. Nod yr ysgrif hon yw olrhain y chwiw feicio yng Nghymru yn ystod y 1890au, gan ystyried ei phrif nodweddion a'i natur mewn gwahanol ardaloedd yng Nghymru.

Datblygodd y chwiw yn sgil y newidiadau technolegol a effeithiodd ar natur beiciau yn ystod y blynyddoedd cyn y 1890au. Dyfeisiwyd beic cyntefig ar ddiwedd y ddeunawfed ganrif, sef y ceffyl pren (*hobby-horse*), a chafwyd datblygiadau ar y beic hwnnw yn ystod y bedwaredd ganrif ar bymtheg. Datblygwyd y *velocipede*, a adwaenid fel y ceffyl haearn neu'r *bone-shaker* erbyn y 1860au, ac yna dyfeisiwyd y beic peni-ffardding (*the ordinary*) erbyn y 1870au. Nid oedd beicio'n boblogaidd iawn yn ystod y degawdau hyn, yn bennaf oherwydd bod beiciau mor drwm a drud a pheryglus; cyfyngid apêl beicio i aelodau o'r dosbarthiadau uwch. Ond digwyddodd nifer o ddatblygiadau pwysig yn ystod y 1880au a drawsnewidiodd ragolygon beicio, gan arwain at ddatblygiad y beic diogelwch (*safety*

25 Hysbyseb ar gyfer siop feiciau yn Llanbedr Pont Steffan a ymddangosodd yn *Y Cardi*, 28 Chwefror 1902.

bicycle). Yr oedd gan y beic hwn ddwy olwyn a oedd yr un faint. Fe'i gyrrid gan drawsyriant cadwyn, a datblygwyd teiars niwmatig gan gwmni Dunlop a oedd yn rhagori ar y teiars rwber solet neu'r olwynion pren a fu o'r blaen.

Gweddnewidiwyd beicio gan y datblygiadau hyn. Daeth yn fwy diogel a chyfforddus, ac yn sydyn cwympodd prisiau beiciau gryn dipyn. Yr oedd yn bosibl prynu beic am bymtheg swllt ar ddechrau'r 1890au ac i dalu fesul tipyn. Trwy gydol y degawd cynyddodd y gystadleuaeth rhwng cwmnïau beiciau a chwympodd prisiau ymhellach. Erbyn diwedd y degawd yr oedd yn bosibl prynu beic ail-law am saith swllt. Gwerthwyd miloedd o feiciau yn ystod y degawd hwn a daeth y diwydiant beiciau'n rhan bwysig o'r economi, yn enwedig yn nhrefi canolbarth Lloegr megis Coventry.

Yn ystod y cyfnod hwn gwnaethpwyd honiadau mawr am feicio. Er enghraifft, i lawer o gefnogwyr beicio yr oedd yn weithgaredd a allai wareiddio cymdeithas. Yr oedd yr honiad hwn yn arbennig o berthnasol yng nghyd-destun y cymunedau newydd a ffurfiwyd yng nghymoedd de Cymru a'r bygythiad ymddangosiadol i foesau preswylwyr y cymoedd gan eu hamgylchedd. O ganlyniad i ddatblygiad y beic, yr oedd yn bosibl i'r bobl hyn adael y cymoedd culion, llychlyd a gorlawn ac i fwynhau ardaloedd gwledig llesol a gwyrdd. Dychmygid y byddai glowyr yn dychwelyd i'w gwaith ar ôl treulio'r penwythnos yn beicio yn wŷr cryfach ac yn fwy bywiog ac iach. Yn ôl cefnogwyr beicio, cyfrwng i gryfhau'r corff a'r ysbryd ydoedd. Drwy feicio gellid ymlid iselder ysbryd a datblygu cryfder corff a meddwl a fyddai'n galluogi gweithwyr i wynebu unrhyw dasg. Yr oedd syniadau fel hyn yn ddeniadol mewn cyfnod pan oedd ewgenegwyr yn pryderu ynglŷn â dirywiad yn safon y boblogaeth.

Yn yr un modd, rhoddai'r beic gyfleoedd i bobl cefn gwlad Cymru ffoi rhag unigedd. Croesawyd sefydlu clwb beicio newydd yng Nghaerfyrddin ym 1898, er enghraifft, oherwydd y byddai'n torri ar undonedd bywyd gwledig. Ystyrid y beic yn geffyl y dyn tlawd. Yn gyffredinol, yr oedd cymdeithasu â beicwyr eraill, neu 'wynebau newydd, meddyliau eraill', yng ngeiriau gohebydd y *Rhondda Leader*, yn llesol. Darparai'r clybiau beicio wasanaeth pwysig drwy gynnig cyfleoedd i ffurfio cyfathrach gymdeithasol ehangach, yn enwedig yng nghymoedd de Cymru lle'r oedd bygythiadau i'r strwythur cymdeithasol yn bur amlwg.

At hynny, ystyrid y beic yn arf yn y frwydr ddirwestol. Mewn erthygl dan y teitl 'The Moral Bicycle', honnwyd bod y beic yn genhadwr dirwest neu yn ddiwygiwr cymdeithasol newydd. Yn ôl awdur yr erthygl, nid oedd yn bosibl prynu beic a diodydd meddwol, ac nid oedd modd defnyddio beic ac yfed alcohol yr un pryd. Yn y gorffennol, meddid, gwastraffai dynion ifainc eu harian ar ddiod feddwol, ond yn sgil poblogrwydd y beic yr oeddynt bellach yn arbed eu harian er mwyn prynu beiciau. Un clwb arwyddocaol yn y cyd-destun hwn oedd y Clwb Beicio Dirwest a sefydlwyd yng Nghwm Rhondda yn ystod y 1890au. Yr oedd y beic, yng ngolwg llawer, yn rym gwareiddiol, ac yr oeddynt yn ffyddiog y câi cymdeithas ei gwella gan y ddyfais newydd hon. Yr oedd gan feic y gallu i ddatblygu cymeriad pobl, i ehangu eu gorwelion ac i ddiwygio eu hymddygiad.

O ganlyniad i'r nodweddion hyn y mae'n bosibl cysylltu'r beic â moderneddd. Yr oedd y beic diogelwch yn ddyfais newydd yn ystod y 1890au, yn gynnyrch y byd modern, ac felly cyn bwysiced â datblygiad dyfeisiadau technolegol eraill y degawd, megis pelydr-X a'r sinema. Ar ddiwedd y 1890au yr oedd pobl yn awchu am ffyrdd newydd o fwynhau bywyd a chipiwyd y dychymyg poblogaidd a diddordeb y cyhoedd yn y dechnoleg newydd gan y beic. Yr oedd pobl yn benderfynol o ddathlu eu moderneddd drwy anghofio'r hen ganrif ac edrych ymlaen at yr un newydd. Ond codwyd pryderon hefyd gan fodernedd y beic. Yn ôl un gwyddonydd,

Dr Jung o Geneva, byddai hil newydd o ddynion yn esblygu o ganlyniad i feicio. Astudiwyd syniadau esblygol Darwin yng nghyd-destun beicio a phroffwydwyd y byddai traed beicwyr yn diflannu, y byddai eu breichiau yn ymestyn o ganlyniad i lywio a brecio, ac y byddent yn dod yn gefngrwm oherwydd eu tuedd i bwyso dros y cyrn. Yr oedd beicwyr, yn ôl y pesimistiaid hyn, yn fygythiad i ddyfodol yr hil ddynol.

Agwedd arall ar y chwiw hon oedd tuedd cefnogwyr beicio i bwysleisio soffistigeiddgrwydd beicwyr a gwneud yn fawr o anwybodaeth a chyntefigrwydd pobl nad oedd yn beicio. Er enghraifft, honnodd 'Pneumatic', colofnydd yn y *South Wales Daily News* ym mis Mai 1898, mai newyddbeth y tymor oedd beic alwminiwm, ond dim ond dau ohonynt a oedd i'w cael yn Llanelli:

> The newness of the thing surpasses the intelligence of people in country districts. One of them, more enlightened than the rest, has heard it is the 'Hallelujah machine'. Some say it is 'painted white', and others suggest 'he has rubbed white lead in it.' Oh, the enlightenment of the West!

Daeth Llanelli yn darged i 'Pneumatic'. Fis yn ddiweddarach nododd fod 'quint' (beic tebyg i dandem, ond bod iddo bum sedd) yn Llanelli, ond nad oedd neb yn y dref yn gallu ei lywio, a hyd yn oed petai un dyn yn gallu ei farchogaeth, ni ellid cael hyd i bedwar arall yn y dref a oedd yn fodlon ei ddefnyddio. Felly, darlunnid beicio fel cyfnewidiad modern iawn a oedd y tu hwnt i ddealltwriaeth trigolion cyntefig yr ardaloedd gwledig.

Adroddwyd ar weithgareddau beicio yn fanwl iawn yn y wasg gan golofnwyr beicio, megis 'Pneumatic', 'Roadster' a 'Pedalphast', a thynnid sylw at addolwyr newydd yr olwyn er mwyn ennill dilynwyr newydd ac ennill parchusrwydd i'r arfer o feicio. Er enghraifft, nodwyd bod yr aelod seneddol

D. A. Thomas wedi ei weld yn osgoi cerbydau ar strydoedd Caerdydd, ac etholwyd A. J. Balfour AS, Prif Weinidog Ceidwadol y dyfodol, yn llywydd cangen Casnewydd o'r Undeb Beicio Cenedlaethol. Daeth hyd yn oed William Brace o Ffederasiwn Glowyr Prydain Fawr ac, yn ddiweddarach, is-lywydd Ffederasiwn Glowyr De Cymru, yn feiciwr brwd. Ar lafar ac mewn print, yr oedd beicio yn destun trafod brwd: 'the eternal questions affecting the coal industry, hours of labour, and miners' wages, will have to take a back seat. The bicycle brooks no rivals, and commands one's whole attention or nothing'.

Pan ddaeth Cyngres yr Undebau Llafur i Gaerdydd ym 1895, mynychodd Sidney a Beatrice Webb, George Bernard Shaw a Ben Tillett y gynhadledd ar eu beiciau. Teithiodd y Webbiaid a Bernard Shaw o gartref gwyliau'r Webbiaid yn sir Fynwy. Yng Nghaerfyrddin, yr oedd clerc y dref, arolygwr y fwrdeistref a'r prif gwnstabl yn feicwyr, tra oedd y maer yn llywydd y clwb beicio lleol. Canmolwyd Esgob Bangor am ymweld ag ardaloedd anghysbell ei esgobaeth a'i glerigwyr tlawd ar ei feic. Defnyddid beiciau fwyfwy gan feddygon, gweinidogion ac offeiriaid, gwleidyddion, heddweision, diffoddwyr tân a gweithwyr eraill oherwydd ei bod yn ffordd mor gyfleus o deithio. Enwid beicwyr uchel eu parch fel hyn mewn newyddiaduron, gan efelychu'r sylw a roddid i rai a gawsai dröedigaeth grefyddol, a hynny mewn ymdrech i ddangos dylanwad llesol y dechnoleg newydd. Pwysleisiwyd droeon fod beiciau ymhlith rhyfeddodau'r oes.

Eto i gyd, nid oedd y beic na beicwyr uwchlaw beirniadaeth. Crëwyd llawer o anfodlonrwydd gan y broblem o 'scorching', sef beicio cyflym iawn. Achoswyd llawer o ddamweiniau gan feicwyr a oedd yn marchogaeth yn rhy gyflym ar y ffordd, a dwysawyd y broblem gan y ffaith nad oedd breciau gan lawer o feiciau. Yn Abertawe disgrifiwyd beicwyr a ddefnyddiai'r promenâd fel 'nineteenth-century pests', ac eto y mae'r disgrifiad hwn yn awgrymu bod beiciau wedi dod yn rhan o'r byd modern. Un arwydd efallai o'r anfodlonrwydd a fodolai oedd bod gwydr yn cael ei daenu'n fwriadol ar y ffyrdd yng Nghwm Rhondda. Ceir sôn mewn papurau newydd am nifer fawr o achosion o 'scorching' yn y llysoedd barn, ond amddiffynnid y beicwyr gan golofnwyr a chorfforaethau beicio. Er enghraifft, ysgrifennodd cangen sir Fynwy o'r Undeb Beicwyr Cenedlaethol at y prif gwnstabl lleol ym 1895 yn galw ar yr heddlu i drin beicwyr mewn ffordd fwy hynaws – a bu dadl hir ynglŷn â beiciwr a ddioddefasai ymosodiadau gan yr heddlu.

Rhan annatod o'r chwiw oedd sefydlu clybiau beicio. Trwy gyfrwng y clybiau hyn darperid cyfleoedd i feicwyr gwrdd â beicwyr eraill a chymdeithasu wrth fwynhau ymarfer corff llesol. Sefydlwyd clybiau beicio a oedd yn gysylltiedig â threfi a phentrefi penodol, megis Clwb Beicio Merthyr, Clwb Beicio Casnewydd, Clwb Beicio Aberaman, Clwb Beicio'r Barri a Chlwb Beicio Pen-y-bont ar Ogwr. Cafodd rhai clybiau eu sefydlu gan weithwyr mewn gweithle penodol, gan gynnwys Clwb Beicio Mannesman Abertawe, Clwb Beicio Peirianyddion Doc Y Barri a Chlwb Beicio Gweithwyr Aberdâr. Sefydlwyd amrywiaeth o glybiau eraill, gan gynnwys Clwb Beicio Cymdeithas Gerddorol Caerdydd, Clwb Beicio Jocis Caerdydd, Clwb Beicio Undebwyr Athletig Y Barri, Clwb Beicio Swyddogion Corfforaeth Caerdydd, a chlwb beicio a oedd yn gysylltiedig ag Urdd Llenyddol Wesley Stow Hill yng Nghasnewydd. Mewn llawer o achosion yr oedd y clybiau beicio yn debyg i gorfforaethau milwrol. Yr oedd ganddynt rengoedd arbennig megis capten ac is-gapten, byddent yn dechrau teithiau drwy chwythu chwiban, marchogai beicwyr ar ffurf dwy res, gwisgid bathodynnau'r clwb gan yr aelodau, ac yr oedd gan lawer o glybiau fiwglwr i ddatgan eu presenoldeb ar y ffordd. Yn ogystal, ac yn naturiol ddigon, ffurfiwyd corffluoedd beicio yn y lluoedd arfog.

7

2.45.

100 YARDS FLAT HANDICAP (Open.)

First prize, value £3 3s.; Second Ditto, value £1 1s.;

Third Prize, value 10s. 6d.

	Name	Colour	Handicap
4	Edward Williams, Oswestry R.S.	Black and white	Scratch
20	R. A. Keegan " "	Blue and white	2 yards
40	R. K. Jenkins, A.C.C.	White and Light Blue	2 yards
5	F. Morgans, Penygraig F.C.	Black and white	5 yards
39	D. Roberts, A.C.C.	Blue and white	6 yards
6	J. A. Phillips, Barry Dock	Dark blue and black	7 yards
9	David Ellis, U.C.W.	Chocolate, blue & white	6 yards

First Second Third Time

3.0.

ONE MILE (Scratch) BICYCLE CHALLENGE CUP, Value 10 Guineas, open to the world (must be won twice, not necessarily in succession.)

A Gold Medal will be presented to the Winner.

First Two in each Heat to run in Final.

FIRST HEAT.

	Name		Colour.
10	Thomas Gibbons, C.U.C.C.	(Pneumatic Safety)	Blue and White
11	C. G. Evans, Aberdare C.C.	"	Black
12	Ellis H. Jones, Carnarvon C.C.	"	Black
14	S. Linton, Aberdare C.C.	"	Black

First Second Time

3.10.

SECOND HEAT.

	Name		Colour
15	Evan R. Roberts, Bangor C.C.	(Pneumatic Safety)	Black and White
19	Trevor Phillips, Newport C.C.	"	Marone
27	H. E. Wheatley, A.C.C	"	Light and Dark Blue
34	D. R. Jenkins, Polytechnic	"	
41	H. J. Jack, W.R.C.C.	"	

First Second Time

26 Rhai o'r cystadlaethau ar gyfer beicwyr gorau Cymru yn yr Ŵyl a gynhaliwyd yn Aberystwyth – 'Brighton Cymru' – ar 2 Awst 1892.

Cysylltid rhai clybiau â chapeli neu fudiadau crefyddol, gan gynnwys Clwb Beicio Wesleaid Riverside Caerdydd a Chlwb Beicio YMCA Caerdydd, ond yr oedd rhai capeli yn feirniadol o feicio, yn enwedig ar y Sul. Bygythiwyd aelodau Clwb Beicio Capel Tredegarville o Gaerdydd â dirwyon ac ysgymuniad o'r capel am wneud hynny. Yn yr un modd, ym 1897 beirniadwyd gweinidog gyda'r Bedyddwyr yng nghymoedd de Cymru gan ei flaenoriaid wedi i'w ferch gael ei gweld yn beicio ar y Saboth. Condemniodd 'Pneumatic' y sylwadau hyn, gan gyfeirio atynt fel 'a really champion sample of narrow-minded bigotry', 'undiluted cant and hypocrisy', ac 'a sample of meddlesome and mischievous interference with the liberty of the subject'.

Yn naturiol, ac fel y mae enwau'r clybiau a nodwyd eisoes yn awgrymu, yn y de y bodolai'r rhan fwyaf o glybiau beicio Cymru. Er enghraifft, nodwyd ym 1895 – blwyddyn pan oedd beicio yn ei anterth – nad oedd clybiau beicio i'w cael yn siroedd Brycheiniog, Maesyfed, Aberteifi a Phenfro. Eto i gyd, ceid rhai clybiau y tu allan i dde Cymru ac, ar wahanol adegau yn ystod y degawd hwnnw, yr oedd clybiau beicio yn bodoli mewn trefi megis Aberhonddu, Aberystwyth, Y Drenewydd, Trefaldwyn, Bangor, Y Rhyl a'r Bala. Ond, at ei gilydd, yr oedd beicio'n fwy poblogaidd yn ne Cymru, ac yno y ceid y nifer mwyaf o glybiau a'r niferoedd mwyaf o aelodau o blith y gwahanol ddosbarthiadau cymdeithasol.

Yn ôl sawl tyst, yr oedd clwb yn bwysig i ardal arbennig ac yn adlewyrchiad o'r ardal yr oedd yn ei chynrychioli. Ym 1894, er enghraifft, dim ond tri beiciwr a gynrychiolodd Glwb Beicio'r Barri yn ystod un reid arbennig, ac yn ôl y colofnydd lleol, bu'n rhaid i'r tri ddioddef crechwen y 'village yokels' oherwydd gwendid eu clwb. Yr oedd y tri wedi eu cynhyrfu cymaint nes iddynt dynnu bathodynnau'r clwb mewn cywilydd. Yr oedd bod yn aelod o glwb beicio yn rhywbeth i'w gymryd o ddifrif ac yn ddull o ddiffinio hunaniaeth. Byddai clybiau beicio yn adlewyrchu balchder dinesig, a honnodd 'Pneumatic' fod methiant clwb yn Y Barri yn 'reproach upon the reputed enterprise to be found in the district'. Cynhaliwyd cyfarfod i geisio ailsefydlu'r clwb dair blynedd yn ddiweddarach a nododd 'Pneumatic', ymhlith eraill, ei fod yn siomedig iawn nad oedd gan dref mor flaengar â'r Barri, gyda'i masnach bwysig a'i dociau mawrion, yr arwydd amlycaf o'r byd modern, sef clwb beicio.

Er bod y gwahanol glybiau yn amrywio o ran natur, yr oedd y gwahaniaethau mwyaf sylweddol i'w gweld rhwng y clybiau beicio dosbarth canol a'r clybiau beicio dosbarth gweithiol. Y tu allan i gymoedd de Cymru ni allai pobl ddosbarth gweithiol fforddio prynu beiciau, ond yr oedd beicio yn beth cyffredin iawn ymhlith y dosbarth canol yn y trefi ledled Cymru a hefyd ymhlith boneddigion yng nghefn gwlad. Yr oedd Clwb Beicio Bangor, er enghraifft, yn hynod ddosbarth canol ei natur, a mwyafrif ei aelodau yn weithwyr proffesiynol a siopwyr, gan gynnwys meddyg, fferyllydd, deintydd, rheolwr cymdeithas adeiladu, tafarnwr ac oriadurwr. Yn ogystal, adlewyrchid hierarchaethau cymdeithasol gan y clybiau beicio. Ymhlith is-lywyddion Clwb Beicio ac Athletau Llanelli, er enghraifft, yr oedd yr aelod seneddol Syr John Jones Jenkins, yr ysgwieriaid Frank Randall a William Howell, y meddyg Dr S. J. Roderick a'r cyfreithiwr W. B. Roderick. W. Williams, gwestywr, oedd trysorydd y clwb, a D. J. Roberts, crydd, oedd yr ysgrifennydd.

Yr oedd gwedd fonheddig yn perthyn i feicio mewn ardaloedd y tu allan i'r canolfannau diwydiannol. Yn Ninbych-y-pysgod, er enghraifft, yr oedd holl foneddigion yr ardal yn feicwyr, ac yr oedd beicio'n boblogaidd iawn ymhlith ymwelwyr o Gaerdydd â'r dref, hynny yw, ymwelwyr bonheddig a dosbarth canol. J. P. W. Gwynne-Holford, Buckland, cyn-aelod seneddol, oedd llywydd Clwb

Beicio Aberhonddu, ac ymhlith yr is-lywyddion yr oedd yr Anrhydeddus R. C. Devereux, Charles Morley AS, Cyrnol John Morgan, Cyrnol Wood, C. Venables Llewelyn, D. W. J. Thomas, yr Uwchgapten R. D. Garnon Williams a'r Uwchgapten H. R. Jones Williams.

Gwnaethpwyd ymdrechion i sicrhau bod rhai clybiau yn gyfyngedig i'r dosbarth canol. Er enghraifft, cyfyngwyd aelodaeth Clwb Beicio Romilley, a sefydlwyd ym 1897, i aelodau Clwb Tennis Lawnt Y Barri yn unig. At hynny, pan sefydlwyd Clwb Beicio Victoria yng Nghaerdydd ym 1897, gyda'i bencadlys yng ngwesty Victoria, pennwyd ffi mynediad o bum swllt a thanysgrifiad blynyddol cyffelyb er mwyn sicrhau bod y clwb yn ddosbarth canol ei gymeriad. Darperid cyfleoedd i feicwyr dosbarth canol gwrdd â beicwyr dosbarth canol eraill gan y clybiau cyfyngedig hyn. Rhoddid cyfleoedd i aelodau gymdeithasu â phobl gyffelyb a chynhelid ciniawau blynyddol ac achlysuron cymdeithasol eraill megis cyngherddau ysmygu!

Yr oedd natur beicio ymhlith y dosbarth canol yn wahanol i eiddo'r dosbarth gweithiol. Yn gyntaf, yr oedd clybiau beicio ac unigolion dosbarth canol yn pwysleisio teithio yn hytrach na chystadlu. Disgrifid llawer o'r teithiau hirion hyn gan golofnwyr beicio yn y papurau newydd. Ysgrifennwyd disgrifiad hir iawn o'i daith i John O'Groats gan 'Pneumatic' ym 1894, ac ym 1898 trefnwyd taith naw diwrnod i Normandy gan Glwb Beicio Trefforest. Sefydlwyd gwersyll beicwyr ym Mhen-bre gan feicwyr Llanelli ym 1896 er mwyn darparu man hwylus i gwrdd â beicwyr eraill ar benwythnosau a chanolfan i feicwyr a oedd yn teithio yn yr ardal. Bedyddiwyd y ganolfan hon yn Utopia gan aelodau'r clwb. Yn ôl 'Pedalphast', colofnydd yn y *Rhondda Leader*, yr oedd swyddi Dyfnaint a Gwlad yr Haf yn gyrchfan poblogaidd i deithiau beicwyr de Cymru. Yr oedd siroedd Penfro ac Aberteifi yn llai poblogaidd oherwydd eu bod yn fwy bryniog, ond byddai beicwyr o Gwm Rhondda a hanai o'r ardaloedd hynny wrth eu bodd yn dychwelyd adref. Er gwaethaf poblogrwydd rasio ymhlith beicwyr dosbarth gweithiol, gwnaethpwyd ymdrech i boblogeiddio teithio yn eu plith. Ym 1901, pan fu gan lowyr Cwm Rhondda bum niwrnod o wyliau dros y Sulgwyn, fe'u hanogwyd gan 'Pedalphast' i fynd ar daith o gwmpas de Cymru.

Yng Nghlwb Beicio Bangor cynigid medalau am feicio pellter mawr, megis can milltir mewn pedair awr ar hugain, dau gan milltir mewn pedair awr ar hugain, neu'r pellter mwyaf mewn pedair awr ar hugain. Yn bwysicach rhoddid cryn bwyslais ar deithio i weld golygfeydd hardd. Byddai'r clwb yn cwrdd yn y stryd fawr ar brynhawn dydd Sadwrn ac, am dri o'r gloch, byddai capten y clwb yn galw ar y beicwyr i ddewis eu partneriaid cyn iddynt ymadael yn sŵn cymeradwyaeth y dorf. Ar ôl cyrraedd mannau fel Rhaeadr Aber neu Ddinas Dinlle, byddai'r beicwyr yn rhannu te, yn ymweld ag unrhyw safle o ddiddordeb yn yr ardal, neu yn chwarae gemau yn yr haul cyn dychwelyd i Fangor ar ffurf gorymdaith hamddenol. Yr oedd rhai menywod yn perthyn i glwb Bangor, a phrif nod y clwb oedd darparu dull dymunol o hamddena, o ymarfer corff ac o gymdeithasu.

Nid oedd y clybiau dosbarth canol hyn yn gwbl wrthwynebus i'r syniad o rasio neu gystadlu, ond yr oedd yn well ganddynt deithio'n bell na rasio yn erbyn beicwyr eraill neu rasio ar drac. Ym mis Awst 1895, er enghraifft, gosododd Charles Connah, capten Clwb Beicio'r Rhyl record newydd pan deithiodd 254 milltir ar ei feic dros gyfnod o bedair awr ar hugain. Cynhelid campau dygnwch ar y trac gan feicwyr dosbarth gweithiol yn ogystal, ond pwrpas y campau hyn oedd diddanu gwylwyr a gwneud elw. Nid oedd unrhyw fwriad i ddiddanu gwylwyr ymhlith beicwyr dosbarth canol. Yn bwysicach, nid oedd ar feicwyr dosbarth canol unrhyw awydd i rasio am arian; ystyrient amaturiaeth yn rhinwedd.

Y clybiau beicio dosbarth gweithiol enwocaf ym Mhrydain oedd clybiau Clarion, ond ni cheid arlliw ohonynt yng Nghymru. Yn hytrach, ceir llawer o dystiolaeth fod dynion dosbarth gweithiol, o leiaf yn ne Cymru, yn frwd dros feicio neu'n weithgar iawn wrth ffurfio clybiau beicio. Yr oedd rasio yn fwy poblogaidd ymhlith beicwyr dosbarth gweithiol, ac i ryw raddau cyfyngid rasio bron yn gyfangwbl i dde Cymru. O ganlyniad, nid oedd y Clwb Beiciwr Teithiol, sef corfforaeth genedlaethol y beicwyr teithiol, yn boblogaidd o gwbl yng Nghwm Rhondda. Ar y llaw arall, adroddwyd ym 1895 fod rasio yn Ninbych-y-pysgod mewn cyflwr gwael ac mai dim ond tri beiciwr a feddai ar 'alluoedd cyflymder'. Ond er bod beicio proffesiynol wedi ei gyfyngu yn ddaearyddol, yr oedd rasio proffesiynol yn boblogaidd iawn, ac ym 1897 rhoddwyd 118 o drwyddedau i feicwyr proffesiynol gan gangen de Cymru o'r Undeb Beicwyr Cenedlaethol.

Cydnabyddai cyflogwyr boblogrwydd rasio ymhlith y dosbarth gweithiol. Er enghraifft, rhoddwyd pedair erw ar ddeg o dir i weithwyr glofeydd Tredegar gan Arglwydd Tredegar ym 1897 er mwyn eu galluogi i adeiladu trac beicio. Cytunodd glowyr a gweithwyr dur yr ardal i gyfrannu ceiniog yn wythnosol am flwyddyn er mwyn cyllido'r trac, ac addawodd cwmni Arglwydd Tredegar rodd o ganpunt ar gyfer y costau. Yn yr un modd, agorwyd trac beicio newydd ym Mhontardawe ym 1897 trwy gefnogaeth llywydd y clwb beicio lleol, F. W. Gilbertson, perchennog gweithiau tun y pentref a phrif gyflogwr yr ardal. Cefnogid beicio gan rai cyflogwyr, felly, oherwydd ei fod yn ddull llesol o ymarfer i'r gweithwyr.

Yr oedd rasys yn boblogaidd iawn ymhlith gwylwyr, a denent dyrfaoedd mawrion ledled de Cymru. Yr oedd dylanwadau masnachol y chwiw feicio yn fwyaf amlwg yn y byd rasio. Gwariai cwmnïau beiciau arian mawr ar rasys a thelid beicwyr proffesiynol am ddefnyddio eu beiciau ac am eu hysbysebu. Yn ogystal, cynhelid rasys beicio er mwyn codi arian gan lawer o gorfforaethau a chlybiau beicio yn ystod y 1890au. Mynychwyd gŵyl chwaraeon yn Ninbych-y-pysgod gan 3,000 o bobl ym 1898, a chafwyd 2,000 o wylwyr mewn achlysur tebyg yn Aberhonddu yn yr un flwyddyn. Arwydd arall o atyniad y rasys hyn ymhlith y dosbarth gweithiol oedd y ffaith fod cyfres o rasys wedi eu cynnal yng Nghaerdydd ar Ddiwrnod Mabon. Yn yr un modd, cynhaliwyd cystadleuaeth yng Nghaerdydd gan yr Undeb Trimwyr Glo yn ystod yr un cyfnod.

Yr oedd rhai agweddau ar y chwiw feicio yn lliwgar iawn ac yr oedd diddanu'r cyhoedd yn rhan hanfodol o ymdrech trefnyddion y rasys i gynyddu eu helw. Yn ystod rasys a gynhelid ym Mharis, er enghraifft, addaswyd rhai beiciau i alluogi beicwyr i biso trwy pibellau byrion tra oeddynt yn cymryd rhan mewn rasys hir i brofi eu dygnwch. Nid oedd datblygiadau fel hyn yn angenrheidiol, ond drwy ddarparu newyddbeth fel hyn yr oedd modd ennill rhagor o gyhoeddusrwydd. Yn ne Cymru cynhelid rasys rhwng dau

27 Rhai o bencampwyr Aberaman: o'r chwith i'r dde, Jimmy Michael, Morgan Thomas ac Arthur Linton.

feiciwr ungoes, neu 'monopedallists' fel y'u gelwid, a dim ond un fraich a oedd gan E. Barkaway, beiciwr proffesiynol llwyddiannus iawn o'r Maerdy. Mewn achosion fel hyn, yr oedd rasys beicio yn debyg i syrcas neu sioe pethau hynod, ac yr oedd hyrwyddwyr y rasys yn awyddus iawn i arbrofi'n gyson ac i elwa'n ariannol ar y newyddbethau diweddaraf.

Cynhyrchodd y byd beicio hwn nifer mawr o feicwyr proffesiynol a rhai o'r beicwyr gorau yn y byd yn eu dydd. Yr oedd rasio mor gystadleuol yn ne Cymru nes bod nifer helaeth o feicwyr Cymreig yn cystadlu yn y rasys mwyaf ledled Prydain a hyd yn oed yn Ewrop ac America. Ymhell cyn i feicwyr Prydeinig megis Tom Simpson, Robert Millar, Sean Yates a Chris Boardman brofi llwyddiant yn y *Tour de France* yn ystod yr ugeinfed ganrif, yr oedd beicwyr Cymreig y 1890au yn fyd-enwog. Daeth Arthur Linton, ei frodyr Sam a Tom, a Jimmy Michael i gyd o feithrinfa beicwyr hynod yn Aberaman, ger Aberdâr. Daethant yn enwog drwy'r byd a dethlid eu campau drwy Brydain, Ewrop ac America yn y papurau newydd cyffredinol a'r wasg feicio arbenigol.

Ganwyd Arthur Linton, y cyntaf ohonynt i ddod i amlygrwydd, yng Ngwlad yr Haf ond, yn ôl gohebydd yr *Aberdare Times*, yr oedd yn falch o'i ystyried ei hun yn Gymro. Aeth i weithio dan ddaear fel ceidwad drysau awyru ym mhwll glo Treaman pan oedd yn ddeuddeg oed cyn dod yn haliwr chwe blynedd yn ddiweddarach. Drwy arbed cildyrnau a gâi fel haliwr y prynodd ei feic cyntaf, sef peniffardding, a bu'n ei farchogaeth tan 1889. Ym 1890 a 1891 teithiodd ledled de Cymru er mwyn cystadlu mewn rasys lleol yn erbyn rhai o'r beicwyr rhanbarthol gorau cyn dechrau cystadlu mewn rasys yn Lloegr. Linton oedd un o'r beicwyr cyntaf i ddefnyddio teiars niwmatig ac enillodd nifer o rasys o ganlyniad.

Daeth llwyddiant i ran Arthur Linton am y tro cyntaf ym 1893 pan enillodd Gwpan Cucu Cocoa, ras bedair awr ar hugain yn Llundain yn erbyn rhai o feicwyr gorau Prydain,

28 Arthur Linton, Pencampwr y Byd, gyda'i dlysau.

gan dorri record Lloegr yr un pryd. Parhaodd llwyddiant y dyn swil a thawedog hwn trwy gydol 1893 ac enillodd lawer o rasys pwysig a thorri sawl record. Ar ddiwedd 1893 aeth i Ffrainc lle y bu'n cystadlu'n frwd yn erbyn rhai o feicwyr gorau Ewrop, megis y Ffrancod Jules Dubois, Constant Huret a Gaston Riviere, a'r Eidalwr Bonnic. Clywid Ffrangeg, Almaeneg, Saesneg, Sbaeneg ac Iseldireg, yn ogystal â Chymraeg, yn y rasys y bu Linton yn rhan ohonynt. Bu'n cystadlu o flaen tyrfaoedd o 20,000 o bobl mewn felodromau megis y Vélodrome Buffalo a'r Vélodrome d'Hiver ym Mharis. Teithiodd hefyd i'r Almaen a'r Eidal, gan herio'u pencampwyr yn llwyddiannus sawl gwaith.

Yr oedd beiciwr arall o Aberaman, sef Jimmy Michael, hyd yn oed yn fwy llwyddiannus nag Arthur Linton. Yn wahanol i Linton, nid glöwr oedd Michael cyn iddo droi'n feiciwr proffesiynol; yn hytrach, bu'n gweithio i'w fam-gu a oedd yn berchennog siop gig yn Aberaman. Cyflogwyd Michael, a fedyddiwyd yn ddiweddarach yn 'the Welsh midget' neu 'the midget cyclist' oherwydd ei fod mor fyr, i ddosbarthu cig ymhlith cwsmeriaid ar gefn ei feic ac, yn ôl pob sôn, ni fyddai'n disgyn oddi ar ei feic nes cyrraedd cownter y siop. Bu'n llwyddiannus yn ne Cymru yn nechrau'r 1890au, ond tyfodd ei enwogrwydd ym 1894 pan enillodd ras y *Surrey Hundred* yn Herne Hill, Llundain, y trac pwysicaf ym Mhrydain ar y pryd. Wedi'r fuddugoliaeth hon disgrifiwyd Michael yn yr *Aberdare Times* fel a ganlyn:

> an unassuming youngster in his teens . . . of a merry disposition, a thorough master of his machine, ever on the alert, as active as an eel, and as wise as a serpent in things cycling, and being quite good-looking is quite a ladies' man. Although short of stature and slight of frame, Jimmy Michael is large limbed, and, as is evidenced by his performance, a veritable Samson in miniature as regards his pedometers.

29 Jimmy Michael gyda'i hyfforddwr Choppy Warburton.

Yn yr un flwyddyn enillodd Michael bencampwriaeth ryngwladol yn Antwerp, ac ymhen blwyddyn yr oedd wedi ennill pencampwriaeth y byd. Aeth draw i America i gystadlu yn erbyn beicwyr gorau'r wlad honno, gan ennill nid yn unig galonnau'r bobl ond hefyd, yn ôl gohebydd y *New York Times*, 'dazzling stacks of American dollars'. Ym 1898 bu'n cystadlu yn erbyn beiciwr arall o Aberaman, sef Tom Linton, brawd Arthur, mewn cyfres o rasys mawr ledled America. Cystadleuodd y ddau Gymro o flaen tyrfaoedd o 20,000 mewn llefydd megis Traeth Manhattan a Gardd Sgwâr Madison yn Efrog Newydd. Yn ystod un ras croesawyd y beicwyr Cymreig gan fand yn chwarae 'Rhyfelgyrch Gwŷr Harlech'. Ar ddiwedd 1898 penderfynodd Michael ei fod wedi ennill cynifer o rasys, ynghyd ag enwogrwydd ac arian ym myd beicio America, fel y gallai roi cynnig ar fod yn joci proffesiynol yno. Gwaetha'r modd, ni chafodd fawr o hwyl arni – yr oedd perchenogion ceffylau yn gyndyn i ymddiried eu ceffylau iddo gan fod Michael yn mynnu galw'r ffrwynau yn gyrn a'r gwartholion yn bedalau!

Yr oedd ennill gwobrau yn hynod o bwysig i feicwyr dosbarth gweithiol ac enillai rhai ohonynt wobrau anhygoel am eu hymdrechion. Cystadleuai beicwyr de Cymru yn ffyrnig iawn am wobrau bychain. Er mwyn ennyn mwy fyth o ddiddordeb, byddai beicwyr yn herio beicwyr eraill i rasio yn eu herbyn. Adroddwyd fel hyn yn y *South Wales Daily News* ym 1894: 'A match for £10-a-side has been arranged to take place at Merthyr on June 2nd between Thomas Price and Gwilym Griffiths.' Cyn cystadlaethau fel hyn byddai beicwyr yn arwyddo cytundeb, fel y digwyddai cyn gornest focsio, ac enillid gwobrau sylweddol drwy ennill y rasys pwysicaf. Yr oedd arian mawr yn y fantol. Ym 1896, er enghraifft, rhoes Tom Linton a Jimmy Michael swm o £500 yr un mewn pot cyn cystadlu yn erbyn ei gilydd. Erbyn 1896 yr oedd yn bosibl i'r beicwyr gorau, megis y brodyr Linton a

Jimmy Michael, ennill hyd at £2,000 mewn gwobrau yn ystod y tymor, yn ogystal â ffioedd a delid gan gwmnïau beiciau. Yr oedd yn bosibl iddynt ennill hyd yn oed fwy o arian yn America, a daeth Jimmy Michael a Tom Linton yn wŷr cyfoethog iawn o ganlyniad i'w gyrfaoedd yno. Ym 1897 a 1898, er enghraifft, enillodd Jimmy Michael wobrau gwerth hyd at £1,500 ar ôl sawl buddugoliaeth, ac ym 1898 arwyddodd gytundeb â Chymdeithas Rasio Beic America i gystadlu mewn naw ras am gyfanswm o £4,500. Ymhlith pethau eraill, enillodd Michael arian yn America trwy hysbysebu *Paine's Celery Compound*.

Ceisiai rhai egluro sut y llwyddai Aberaman i fagu cynifer o bencampwyr beicio drwy bwysleisio natur ddaearyddol Aberdâr a'r cyffiniau, ac yn enwedig natur fryniog parc Aberdâr a oedd, wrth reswm, yn hybu cyflymder a stamina. Rhwng difri a chwarae gofynnodd 'Pneumatic' tybed a oedd rhywbeth yn yr awyr? Ond gwyddai o'r gorau mai'r anawsterau cymdeithasol a wynebai feicwyr dosbarth gweithiol Aberaman a oedd i gyfrif am eu penderfyniad a'u llwyddiant yn y byd beicio. Honnwyd bod beicwyr Aberaman yn well na beicwyr Ffrainc, Yr Almaen a gwledydd eraill, er gwaethaf y manteision a fwynheid gan feicwyr a hyfforddid dan amodau ffafriol ar draciau'r Cyfandir.

Droeon, pwysleisid gwreiddiau dosbarth gweithiol beicwyr llwyddiannus Cymru ac yr oedd y berthynas rhwng y beicwyr hyn a'u cefnogwyr addolgar yn un glòs iawn. Disgrifiwyd Arthur Linton fel 'the Welsh collier boy' yn aml, a dywedwyd hefyd ei fod yn 'noble lad from such humble birth'. Pan gynhaliwyd cinio yn Aberaman ym 1895 i ddathlu buddugoliaethau Arthur Linton, mynnodd Linton ei hun ei bod yn bosibl i feicwyr eraill o Aberaman ddilyn ei esiampl, ac ennill llwyddiant ac enwogrwydd. Ym 1894 talwyd teyrnged i Linton gan weithwyr glo Aberaman pan gyflwynwyd iddo ddarlun olew. Derbyniodd hefyd bin sgarff aur gan lowyr Treaman. Amlygwyd y berthynas rhwng y gweithfeydd a'r beicwyr yn yr un modd pan fu farw 276 o lowyr yn nhrychineb pwll glo Albion, Cilfynydd, ym 1894. Bu farw o leiaf ddwsin o feicwyr yn y ddamwain a chynhaliwyd rasys beicio er mwyn codi arian ar gyfer eu teuluoedd. Awgrymodd 'Pneumatic' y dylid gwahodd Tom James ac Arthur Linton, fel cyn-lowyr, i gystadlu er mwyn chwyddo'r dyrfa. Codwyd arian yn yr un modd yn ystod streic lo 1898.

Am gyfnod ystyrid beicio, megis bocsio, yn ddull o alluogi dynion dosbarth gweithiol i ddianc rhag eu cefndir. I rai o feicwyr de Cymru yr oedd beicio'n fodd o ddianc rhag tlodi a chaledi eu hamgylchiadau ac i ennill mwy o arian nag oedd yn bosibl yn eu gwaith beunyddiol. Deil yr hanesydd Gareth Williams fod ffactorau eraill hefyd yn taflu rhywfaint o oleuni ar lwyddiant beicwyr ardal Aberdâr, sef pwysigrwydd proffesiynoliaeth. Yr oedd yr arfer o dderbyn arian gan chwaraewyr, ym myd pêl-droed a rygbi yn ogystal â beicio, yn gyffredin iawn yng nghyffiniau Aberdâr, a'r rheswm am hynny oedd fod nifer helaeth o ddynion ifainc wedi symud i'r ardal yn ystod y cyfnod hwnnw. At hynny, yr oedd i'r ardal hanes cymdeithasol a gwleidyddol cythryblus. Yr oedd natur yr ardal yn golygu bod dynion ifainc yn barod i wrthod hen batrymau a thraddodiadau ac i dderbyn cyfundrefnau newydd, megis proffesiynoliaeth.

Serch hynny, talai beicwyr Cymreig bris uchel am eu llwyddiant. Bu farw Arthur Linton a Jimmy Michael yn ifanc a than amgylchiadau amheus. Awgrymwyd bod eu marwolaeth yn gysylltiedig â'r defnydd a wneid o gyffuriau. Bellach y mae'r *Tour de France* a beicio proffesiynol dan y chwyddwydr o ganlyniad i sgandalau cyffuriau, ond nid yw'r defnydd o gyffuriau yn elfen newydd yn y byd beicio. Y mae rasio ar feic yn waith sy'n galw am egni arbennig, ac yr oedd rasys pedair awr ar hugain neu rasys chwe diwrnod yn ystod y 1890au yn brawf llym ar stamina dynion ifainc. Byddai beicwyr proffesiynol yn cystadlu yn erbyn ei gilydd yn fynych, a rhoddid llawer iawn o bwysau arnynt gan ystyriaethau ariannol. Y mae dioddefaint beicwyr proffesiynol wedi bod rhan annatod o adloniant beicio ers y dyddiau cynharaf a gwyddys bod y defnydd o gaffein, cocâin, strycnin, digitalis ac arsenig yn gyffredin iawn.

Honnodd mwy nag un hanesydd fod Arthur Linton dan ddylanwad strycnin, trimethyl neu heroin yn ystod ras Bordeaux-Paris ym 1896. Gellir dyfalu bod hyn wedi cyfrannu at ei farwolaeth chwe wythnos yn ddiweddarach, ond nid oes tystiolaeth bendant i'w chael. Yn yr un modd, bu farw Jimmy Michael dan amgylchiadau amheus ym 1904, ac yr oedd gohebydd y *South Wales Daily News* yn sicr mai cyffuriau a oedd ar fai. Yn ei flynyddoedd olaf, ac yntau bron yn fyddar, yr oedd Michael yn gystadleuydd peryglus ar y trac oherwydd byddai'n gwau ar draws y ffordd yn afreolus ac yn ymateb yn araf i sefyllfaoedd annisgwyl. Yr oedd y damweiniau amrywiol a mynych a gawsai ar y trac yn ystod ei yrfa yn symptomau o'i ddefnydd o gyffuriau. Yn ôl y gohebydd uchod, ei ddefnydd o arsenig a oedd wrth wraidd ei stamina, ei gyflymder anhygoel a'i fuddugoliaethau. Ym 1914 bu farw Tom Linton yntau yn 39 oed dan amgylchiadau amheus.

Y mae rhai haneswyr wedi beio'r hyfforddwr Choppy Warburton. Cymeriad lliwgar a dadleuol oedd Warburton, a nododd un papur newydd yn ystod y 1890au fod perfformiad beicwyr yn gwella'n ddramatig ar ôl dod dan ei ddylanwad ef. Dirywiodd cyflwr Arthur Linton pan adawodd Warburton ym 1895, er enghraifft, ond cafodd ail wynt pan ailsefydlwyd y berthynas flwyddyn yn ddiweddarach. Ar yr un pryd, bu Jimmy Michael yn llwyddiannus iawn yn ystod canol y 1890au pan oedd dan hyfforddiant Warburton, ond gadawodd Warburton yn fuan wedi marwolaeth Linton. Ym 1896, ychydig cyn marwolaeth Linton, gwaharddwyd Warburton gan yr Undeb Beicwyr Cenedlaethol, ond ni roddwyd rhesymau eglur dros hynny ar y pryd. Beth bynnag oedd y rhesymau, ni ellir honni mai dulliau hyfforddi Warburton a fu'n gyfrifol am farwolaeth Jimmy Michael oherwydd bu Warburton ei hun farw ym 1897, ond yn ddiamau cafodd yr hyfforddwr gryn ddylanwad ar yrfa Michael yn ystod ei fywyd. Bu farw nifer o feicwyr enwog eraill oddi ar hynny o ganlyniad i gamddefnyddio cyffuriau, gan gynnwys y Sais Tommy Simpson, ac yn fwy diweddar yr Eidalwr allblyg Marco Pantani.

Yr oedd agwedd yr awdurdodau beicio yn ne Cymru a hefyd y dosbarth canol at y math hwn o rasio yn amwys iawn. Ar y naill law, canmolid buddugoliaethau a champau beicwyr proffesiynol Cymru oherwydd y clod a enillwyd i'r genedl, ond ar y llaw arall deuai dylanwadau masnachol a'r arfer o dderbyn gwobrau ariannol yn gyson dan y lach. Honnodd 'Pneumatic' ym 1894, er enghraifft, mai cystadlu yn erbyn ei gilydd am anrhydedd a balchder a wnâi beicwyr y gorffennol, ond bellach yr oedd beicwyr yn penderfynu lle y byddent yn rasio ar draws de Cymru ar sail y gwobrau a gynigid gan drefnwyr y rasys. Yn ôl 'Pneumatic', yr oedd yr elfen fasnachol yn dinistrio'r traddodiad o ymryson gonest a sbortsmonaeth dda. Creadur unigryw oedd Sam Meager o Gaerdydd, er enghraifft: fe'i canmolwyd gan 'Pneumatic' am ei bod yn gwbl amlwg ei fod yn gwneud ymdrech fawr ym mhob ras. Credai 'Pedalphast' fod beicwyr Cwm Rhondda yn fwy llygadog na beicwyr o ardaloedd eraill, a phan agorwyd trac newydd yng Nghaerfyrddin ym 1900 rhybuddiwyd beicwyr y Rhondda na fyddai natur y rasys yn cael ei phenderfynu cyn y diwrnod cystadlu.

Y mae'n amlwg fod agweddau beicwyr dosbarth gweithiol Cwm Rhondda yn tynnu'n gwbl groes i amaturiaeth y dosbarth canol, ac fe'u cystwyid yn hallt gan 'Syko', colofnydd beicio yn y *Rhondda Leader*. Yn ystod uchafbwynt y chwiw yng nghanol y degawd, ceid nifer o glybiau beicio yn y Rhondda, ond erbyn 1899 yr oedd llawer ohonynt wedi chwalu. Honnodd 'Syko' fod dynion ifainc yn y Rhondda yn ysu am gael gwneud eu marc yn y byd beicio proffesiynol a thorri pob record; felly, prynent feiciau rasio drud iawn a chanddynt gyrn isel a gêr uchel. Nid oeddynt am ymlwybro'n barchus gyda chlwb a oedd yn fodlon cyflawni dim ond wyth milltir yr awr. Gwibwyr o ddifrif oeddynt a beirniadwyd y 'scorchers' hyn gan 'Pedalphast' am anwybyddu hyfrydwch bro Morgannwg wrth wibio heibio.

Ond, fel y dangosodd Gareth Williams, ni fu ymdrechion gweinidogion yr efengyl na gwarcheidwaid moesau'r dosbarth canol i ddiwygio ymddygiad a moesau chwaraewyr a gwylwyr rygbi dosbarth gweithiol yn llwyddiannus, ac felly y bu yn hanes y byd beicio hefyd. Yr oedd ethos amatur y dosbarth canol – y pwyslais ar gyflawni camp er mwyn meithrin cymeriad, chwarae'r gêm er ei mwyn ei hun, ymwrthod â gwobrau ariannol ac ymddwyn yn foneddigaidd – yn dra gwahanol i'r pris a roddai'r dosbarth gweithiol ar ddewrder corfforol, gamblo, a chynnwrf y rasys proffesiynol. Dro ar ôl dro, cystwyid ymddygiad anfonheddig beicwyr proffesiynol yng ngholofnau'r wasg.

Er gwaethaf hyn oll, ac er gwaethaf y ffaith fod pryderon ynglŷn â phroffesiynoliaeth wedi dwysáu'n ddirfawr ym Mhrydain yn ystod y 1880au a'r 1890au, llwyddodd proffesiynoliaeth i ennill ei phlwyf yn y byd beicio i raddau mwy nag a ddigwyddodd ym myd rygbi. Ni chafwyd sgandalau yn y byd beicio fel a gafwyd ym myd rygbi am nad oedd iddo gefndir ysgol fonedd. Er nad oedd yr Undeb Beicwyr Cenedlaethol mor effeithiol â'r awdurdodau rygbi, yr oedd beicio'n denu noddwyr a rhoddid llawer o arian gan y cwmnïau beiciau i gynnal rasys ac i'w hysbysebu. Deil Gareth Williams fod awdurdodau rygbi yn Lloegr a'r Alban yn ystyried Cymru yn broblem yng nghyd-destun proffesiynoliaeth y 1890au. Yn yr un modd, ystyrid de Cymru yn drafferthus gan yr Undeb Beicwyr Cenedlaethol oherwydd y nifer helaeth o rasys didrwydded a gynhelid yno, heb sôn am y twyll a'r llygredd a oedd yn rhan annatod o'r gamp yn yr ardal honno. Yn y byd beicio yn ne Cymru, diwedd y gân oedd y geiniog.

Un agwedd arwyddocaol arall ar y chwiw feicio oedd ymrwymiad menywod, neu'r 'fair wheelers' fel y'u gelwid. Rhoddai beicio gyfleoedd newydd i fenywod fwynhau ymarfer corff. Nid oedd yr hen feiciau peni-ffardding yn addas i fenyw oherwydd eu bod rhy beryglus i unrhyw un mewn sgert, ac oherwydd y disgwylid iddi, yn enw gweddustra, ei marchogaeth wysg ei hochr. Ond daeth beicio yn fwy addas i fenywod yn ystod y 1890au yn sgil datblygiad y beic diogelwch. Yr oedd y rhyddid newydd a roddai beicio i fenywod yn hanfodol i'w bywyd cymdeithasol ehangach. Cynigiai gyfleoedd newydd iddynt y tu allan i'r cartref a'r teulu, a daethant yn fwy annibynnol. At hynny, gwrthbrofwyd y syniad bod ymarfer corfforol egnïol y tu hwnt i allu merch, a newidiwyd syniadau'r dydd ynglŷn ag ymddygiad derbyniol gan fenywod. Disodlwyd y ddelwedd draddodiadol o'r ferch ddiymadferth a gwan gan ddelwedd newydd o ferched cryf, heini a hunangynhaliol.

Felly, bu beicio'n ffactor bwysig yn hanes twf y 'fenyw newydd' yn ystod y 1890au, a thystiolaethai'r hysbysebion beiciau a gyhoeddid yn y wasg ei bod yn berson hyderus ac annibynnol. Yn wir, yr oedd y beic diogelwch yn symbol o amharodrwydd merched i dderbyn a chynnal pob traddodiad a chonfensiwn. Felly, i lawer o ffeminyddesau, arf yn y frwydr yn erbyn y *status quo* patriarchaidd oedd y beic.

Y mae'n anodd gwybod i sicrwydd faint o fenywod a oedd yn arfer beicio, ond ceir rhywfaint o dystiolaeth. Yn Ninbych-y-pysgod, er enghraifft, yr oedd ymron ddau gant o feicwragedd, a darperid gwersi ar eu cyfer gan George Ace, 'cyn-bencampwr Cymru'. Yn Llanelli daeth beicio ymhlith menywod yn hynod boblogaidd ym 1896 a chaent nawdd a hyfforddiant gan y siop feiciau leol. Yr oedd yr un peth yn wir ym Merthyr, a dywedwyd ym 1897: 'every other lady in the town seemed to be developing into a wheeler'. Yn ôl gohebydd y *Montgomery County Times*, yr oedd llawer o feicwyr benywaidd i'w cael yng nghanolbarth Cymru mewn trefi megis Y Drenewydd, Trefaldwyn ac Aberystwyth, ond ni chawsant ymaelodi â chlybiau beicio lleol tan 1897. Tybiai'r gohebydd y byddai'n fantais i bawb petai menywod yn cael eu derbyn i'r clybiau. Y mae'n dra thebyg mai aelodau o'r dosbarth canol oedd y beicwyr benywaidd hyn; yr oedd ganddynt fwy o arian i brynu beiciau a mwy o amser hamdden i'w defnyddio.

Mewn rhai mannau, sefydlwyd clybiau yn arbennig ar gyfer menywod. Yr oedd y ffenomen hon yn gysylltiedig â chyfres o sefydliadau newydd ar gyfer menywod a ddaeth i'r amlwg yn ystod y degawd, gan gynnwys cymdeithasau'r bleidlais, cymdeithasau dirwest a changhennau menywod o fewn y Blaid Ryddfrydol. Yr oedd gan glwb menywod Casnewydd hanner cant o aelodau erbyn 1895. Sefydlwyd Clwb Beicio Menywod Aberaman ym 1897 gan Maggie Michael, cyfnither Jimmy Michael. Daeth yn gapten y clwb newydd a phenodwyd gwraig Jimmy Michael yn drysorydd. Yr oedd 'Pneumatic' o blaid y datblygiad hwn, ond tybiai'n nawddoglyd y byddai cael cydymaith gwrywaidd yn fantais i ferched ar adegau arbennig:

> when the lady is apt to 'get frightened out of her seven senses' on the appearance of a stray cow meekly browsing along the wayside, or when her solitude is broken in upon by the presence of a suspicious-looking tramp.

Eto i gyd, cefnogai 'Pneumatic' awydd menywod i rasio yn erbyn beicwyr eraill, ac yn enwedig yn erbyn beicwyr benywaidd a oedd yn gyfartal o ran eu galluoedd. Ofnai fod menywod yn 'overwhelmingly handicapped' wrth rasio yn erbyn dynion, ond ni fynnai eu rhwystro rhag profi'r llawenydd a'r teimlad o ryddid a geid wrth rasio yn erbyn ei gilydd yn eu clybiau. Ar y llaw arall, yr oedd rhai unigolion yn gwrthwynebu sefydlu clybiau arbennig ar gyfer menywod, ac ar ôl derbyn llythyr oddi wrth fenyw chwit-chwat o Gaerdydd a oedd yn awyddus i ddechrau beicio ond a oedd am gael cyngor gan feiciwr gwrywaidd ynglŷn â pha feic i'w brynu, newidiodd 'Pneumatic' ei feddwl ac o hynny ymlaen pleidiai achos y clybiau cymysg.

Yr oedd gwisg beicwraig yn gwbl allweddol. Disgwylid i wragedd wisgo sgertiau hirion wrth feicio, ond buan y sylweddolwyd bod y rhain yn anghyfforddus ac yn anniogel. Felly, dechreuodd llawer o fenywod anturiaethus wisgo gwisg 'resymegol', sef *knickerbockers* neu *bloomers*. Yr oedd cryn wrthwynebiad i'r wisg 'resymegol' oherwydd fe'i hystyrid yn wrywaidd ei golwg ac yn anaddas ar gyfer menywod. Cyhoeddwyd nifer helaeth o erthyglau o blaid ac yn erbyn y wisg 'resymegol' yn atodiad menywod y *Western Mail* yn ystod y 1890au. Tybiai rhai colofnwyr fod sgertiau hir yn wisg fenywaidd, fonheddig ac atyniadol, tra mynnai eraill fod y wisg 'resymegol' yn llawer mwy cyfleus a phriodol.

Er i rai o aelodau clwb beicio menywod Casnewydd ddefnyddio'r wisg 'resymegol', cwynai llawer ohonynt am y driniaeth a gaent gan y cyhoedd am wneud hynny. Taflwyd cerrig atynt yng nghyffiniau Caerdydd, fel protest, efallai, yn erbyn y rhyddid newydd a fwynheid gan fenywod ar ddiwedd y ganrif. Yn ôl rhai sylwebyddion, ymateb ceidwadol ydoedd i'r duedd gynyddol i chwalu'r ffiniau rhwng y ddwy ryw. Credai llawer o ddynion fod merched a wisgai'r wisg 'resymegol' yn gwisgo dillad dynion a'u bod felly yn ysglyfaeth deg. Ymhlith y 'Nineteenth Century Nuisances' a restrwyd yn y *Western Mail* ym 1895 yr oedd 'The "new" woman who would be a man' a 'The would-be sporting lady', ac, wrth gwrs, yr oedd beicio yn berthnasol i'r ddwy ohonynt.

Beirniadodd 'Pneumatic' y 'cads' a oedd yn trin menywod yn y modd hwn, ond rhybuddiodd ferched rhag tynnu sylw gormodol atynt eu hunain drwy wisgo yn ôl y dull 'rhesymegol'. Yn ei dyb ef, rhywbeth tebyg i'r canlynol oedd y wisg ddelfrydol:

> The fair lady . . . wore a thin waterproofed mud-coloured tweed strapped dress with a 'placket' . . . at the side fastened with three buttons, and a Norfolk jacket, strapped, with yoke let in instead of ordinary front, and ribbon around the neck. The bottom part of her dress was lined with horse-hair . . . and I was gravely informed that this was to keep the skirt set. Shoes were heelless, so as to make the skirt appear not too short.

Y mae'n anhygoel bod menywod yn gallu beicio dan y fath amodau! Mewn darlun dan y teitl 'The Mode of the Day' a gyhoeddwyd yn y *Western Mail* ar 7 Medi 1895 ceisiwyd cyfuno cyfleustra'r wisg *rational* â gwyleidd-dra'r sgert hir. Ond anodd credu y byddai unrhyw feicwraig yn teimlo'n gyfforddus yn y fath wisg. Yn y pen draw, arweiniodd y wisg 'resymegol' at ddiwygiad yng ngwisg menywod yn gyffredinol. Daeth dillad trwm oes Victoria yn llai poblogaidd a dechreuwyd gwisgo dillad ysgafnach.

Yr oedd hyd yn oed fwy o wrthwynebiad i gynnal rasys menywod. Pan glywyd y newyddion ym 1896 fod grŵp o feicwyr benywaidd proffesiynol yn dod i Gaerdydd, defnyddiodd 'Pneumatic' ddisgrifiad o ras menywod a gynhaliwyd yn Llundain er mwyn corddi teimladau yn eu herbyn:

> The women's races at the Aquarium are becoming a pitiable example of what the desire to make money can produce. To see these poor women racing on a miserable track, all of them covered with bruises from head to foot, bleeding faces, sore hands, is a disgusting sight unworthy of a civilised nation like England.

THE MODE OF THE DAY.

We feel a ladies' paper would be incomplete without a bicycle costume. This, designed by Messrs. Fenwick, seems to us to be the very compromise desired between skirt and bloomers—carried out in tweed or serge; leggings and hat of same colour.

30 'The Mode of the Day': gwisg feicio ar gyfer menywod (*Western Mail,* 7 Medi 1895).

Ofnai 'Pneumatic' y byddai rasys menywod yn dwyn anfri ar feicio, ond yr hyn sy'n ymhlyg yn y dyfyniad yw'r awgrym y byddai rasio yn peri bod menywod yn llai benywaidd ac y byddai hynny maes o law yn dinistrio'r berthynas rhwng y rhywiau. Yr oedd rasys yn beryglus, yn ymosodol ac yn gystadleuol, a chan eu bod yn galw am ymroddiad corfforol egnïol a chwyslyd nid oeddynt yn addas ar gyfer menywod. Bygythiad i swyddogaethau cydnabyddedig gwryw a menyw oedd rasys beicio i ferched. O ganlyniad, gwelodd yr Undeb Beicio Cenedlaethol yn dda i wahardd cynnal unrhyw rasys menywod dan ei awdurdod a'i reolau ef. Ond, er gwaethaf y gwrthwynebiad hwn, ym mis Mehefin 1896 daeth grŵp o feicwyr benywaidd proffesiynol i gystadlu yng Nghaerdydd yn erbyn beicwyr o Ffrainc, Awstria, Yr Eidal a Lloegr, ynghyd ag un Gymraes o'r enw Bailey. Yr oedd hyrwyddwyr rasys yn awyddus i ddarparu adloniant newydd ar gyfer y cyhoedd ac yr oedd rasys menywod yn dwyn elw sylweddol.

1896 oedd uchafbwynt y chwiw feicio a llaciodd y brwdfrydedd yn raddol o hynny ymlaen. Daethpwyd i ystyried y beic yn ddull iwtilitaraidd o deithio yn hytrach nag yn rhyfeddod technolegol neu yn adloniant ffasiynol, ac fe'i disodlwyd yn y dychymyg poblogaidd gan beiriannau trydanol, y tram, ac yn enwedig y modur. Gwerthid llai o feiciau ac ni roddid yr un sylw mwyach i weithgareddau'r clybiau beicio na'r beicwyr yn y papurau newydd. Yn ystod blynyddoedd cynnar yr ugeinfed ganrif cafwyd nifer o chwiwiau eraill, megis ping-pong ym 1902, cerdded ym 1903, a rhôl-sglefrio rhwng 1908 a 1912. Cyfeirid at y rhain yn eu tro yn y papurau newydd fel y chwiw fawr ddiweddaraf, ond ni ddatblygasant i'r un graddau ag y gwnaeth beicio yn ystod oes aur y 1890au. Datblygiad unigryw oedd y chwiw feicio yng Nghymru ac ni chafwyd mo'i chyffelyb wedi hynny.

DARLLEN PELLACH

Frederick Alderson, *Bicycling: A History* (Newton Abbot, 1972).

Stephen Paul Cooke, 'Triumph and Tragedy: The Aberaman Cyclists', *Old Aberdare*, 5 (1988).

Simon Craig, 'Riding High', *History Today*, 50, rhif 7 (Gorffennaf, 2000).

R. J. Holt, *Sport and Society in Modern France* (Llundain, 1981).

James McGurn, *On your Bicycle: An Illustrated History of Cycling* (Llundain, 1987).

David Rubinstein, 'Cycling in the 1890s', *Victorian Studies*, 21, rhif 1 (1977).

David Rubinstein, 'Cycling Eighty Years Ago', *History Today*, 28, rhif 8 (Awst, 1978).

Ron Spreng, 'The 1890s Bicycling Craze in the Red River Valley', *Minnesota History*, 54, rhif 6 (1995).

Christopher S. Thompson, 'Bicycling, Class and the Politics of Leisure in Belle Epoque France', yn Rudy Koshar (gol.), *Histories of Leisure* (Rhydychen, 2002).

Gareth W. Williams, *1905 And All That* (Llandysul, 1991).

DIWYGIAD CREFYDDOL 1904–5

D. Densil Morgan

Cofiwch, yr wyf yn gwneud y cyfan dan arweiniad yr Ysbryd Glân, a diolch iddo.

Evan Roberts

Gadewch inni ddechrau trwy edrych ar ystadegau. Ym 1905 yr oedd cynifer â dau o bob pump o boblogaeth Cymru yn gysylltiedig ag eglwys neu gapel Cristnogol, sef 743,500 allan o boblogaeth o 1,864,500. O'r rhain yr oedd 193,000 yn Eglwyswyr (ymron 26 y cant o'r holl grefyddwyr), 175,000 yn Annibynwyr (23.5 y cant o'r holl grefyddwyr), 171,000 (23 y cant o'r holl grefyddwyr) yn Fethodistiaid Calfinaidd neu'n aelodau o Eglwys Bresbyteraidd Cymru, 144,000 yn Fedyddwyr (19 y cant o'r holl grefyddwyr), 41,000 yn Fethodistiaid Wesleaidd (5 y cant o'r holl grefyddwyr) a rhyw 20,000 yn perthyn i enwadau Ymneilltuol llai – Undodiaid, Crynwyr, Brodyr Plymouth, Byddin yr Iachawdwriaeth ac eraill. Nid oedd Pentecostiaeth mewn bodolaeth ar y pryd, gan mai yn sgil y Diwygiad yr ymffurfiodd. O ran y Pabyddion, yr oedd rhyw 60,000 ohonynt, bron y cyfan yn byw yng Nghaerdydd, Casnewydd, Abertawe a'r dref a ystyrid yn Klondike Cymru y pryd hwnnw, sef Merthyr Tudful, a bron y cwbl o dras Wyddelig. Cymharol ddibwys yn ystadegol oedd y pocedi bychain o Babyddion cynhenid yn ochrau Treffynnon yn sir Y Fflint ac yn ardaloedd Y Fenni a Brynbuga yng Ngwent.

Ym 1905 Protestaniaid oedd mwyafrif llethol cenedl y Cymry, ac oddi ar ddechrau'r bedwaredd ganrif ar bymtheg Ymneilltuaeth Brotestannaidd a'i lluniodd. Er gwaethaf y ffaith bod Anglicaniaeth wedi ceisio ei gweddnewid ei hun ar ddiwedd y 1870au ac wedi ymdrechu, yn rhannol o leiaf, i gael gwared â'r ddelwedd o Eglwys estron, Seisnig a Thoriaidd, Ymneilltuwyr oedd y mwyafrif o ddigon o Gristnogion Cymru ym 1905. Yr oedd ymhell dros hanner miliwn ohonynt mewn poblogaeth o filiwn a thri chwarter. Y mae'n werth nodi bod y rhan fwyaf o'r boblogaeth, oddeutu miliwn, heb fod yn aelodau ffurfiol o unrhyw eglwys neu gapel. Eto i gyd, yr oedd y strwythur cymdeithasol yng Nghymru gyfryw fel bod dylanwad

Cristnogaeth yn effeithio ar nifer sylweddol o'r rhai hynny hefyd.

Pa fath o gymdeithas a oedd yn bodoli yng Nghymru ym 1905? Fel heddiw, yr oedd hi'n wlad o gyferbyniadau. Y mwyaf amlwg oedd y cyferbyniad rhwng y Gymru wledig a'r Gymru ddiwydiannol; er bod y wlad yn un dra diwydiannol, prin oedd y clymdrefi. Yr oedd mwyafrif y boblogaeth yn byw yng nghymoedd y de, rhwng cymoedd Gwendraeth ac Aman yn y gorllewin ac i gyfeiriad Llanelli; cymoedd Tawe, Nedd a Dulais yng ngorllewin sir Forgannwg; cymoedd Garw, Llynfi ac Ogwr yng nghanol sir Forgannwg; cymoedd poblog iawn y Rhondda a Thaf i lawr i gyfeiriad Caerdydd; a Sirhywi, Ebwy a Llwyd yn llifo tua Chasnewydd yn y dwyrain. Eto i gyd, bodolai Cymru arall y tu draw i'r cymoedd, ac nid yn unig siroedd gwledig hyfryd Brycheiniog, Maesyfed a Threfaldwyn yn y Canolbarth, nac ychwaith siroedd Dyfed neu Fôn a Gwynedd wledig neu siroedd Dinbych a'r Fflint yn y gogledd-ddwyrain, ond y Gymru ddiwydiannol rymus arall honno yn ardaloedd chwareli llechi Arfon a Meirionnydd yn y gogledd-orllewin a'r ardaloedd glofaol o gwmpas Johnstown a Rhos-llannerchrugog yn y gogledd-ddwyrain. Nid oedd trefoli yn ffactor arwyddocaol heblaw am Gaerdydd a Chasnewydd i ryw raddau, a Wrecsam ac Abertawe i raddau llai. Yn y rhan fwyaf o ardaloedd yr oedd y gwledig a'r diwydiannol yn ymdoddi i'w gilydd: ffermydd a defaid yn y Rhondda ac aml i löwr a gweithiwr tun yn cadw ieir a mochyn ac yn dal mewn cysylltiad â chefn gwlad. Serch bod mewnlifiad sylweddol o weithwyr o Loegr, a nifer llai o Iwerddon, wedi dod i weithio yn y gweithfeydd haearn a dur ym Merthyr a Dowlais neu ym mhyllau glo'r Rhondda o ganol y bedwaredd ganrif ar bymtheg ymlaen, mudo o fewn Cymru ei hun a ddigwyddai amlaf, gyda'r Cymry yn meddiannu ac yn poblogi eu gwlad eu hunain.

Y cyferbyniad mawr arall oedd yr un ieithyddol. Ym 1901

cofnodwyd bod ymron hanner y boblogaeth yn siarad Cymraeg, ond erbyn cyfrifiad 1911 yr oedd y nifer wedi gostwng i 43 y cant. Dyna ddechrau'r duedd a barhaodd wedyn trwy gydol y ganrif, gan achosi gofid nid bychan i lawer iawn. Ac eithrio gwaelod sir Benfro a Phenrhyn Gŵyr, a oedd wedi Seisnigo ers canrifoedd, rhwng y dwyrain a'r gorllewin yr oedd y gwahaniaeth amlwg. Po bellaf i'r gorllewin y teithiai rhywun, mwyaf yn y byd o Gymraeg a glywai fel prif iaith y bobl, ac weithiau fel eu hunig iaith.

At ei gilydd, yr oedd Cymru ym 1905 yn wlad fywiog, optimistaidd, egnïol, diddorol a chyffrous. Serch hynny, ceid dan yr wyneb densiynau a rhaniadau nad oedd o anghenraid yn cyfateb i'r hollt rhwng gwlad a thref nac i'r un ieithyddol ychwaith. Yr oeddynt yn ymwneud mwy â datblygiadau cymdeithasol, diwylliannol ac addysgol, a hefyd ag ymrwymiadau gwleidyddol, a fyddai cyn bo hir yn profi newid sylfaenol.

O 1868 ymlaen yr oedd mwyafrif y Cymry wedi pleidleisio i'r Blaid Ryddfrydol, a'r Toriaid wedi eu bwrw i'r cysgod i bob pwrpas. Erbyn hynny yr oedd Ymneilltuaeth (a hyd yn oed y Methodistiaid Calfinaidd, sef y lleiaf gwleidyddol o'r enwadau Ymneilltuol) wedi cael gwared â'i phietistiaeth, yn fwy gweithredol yn wleidyddol, ac yn amlygu ei hymrwymiad cymdeithasol trwy'r 'gydwybod Ymneilltuol' a gwerthoedd Ymneilltuol radicalaidd. Yr achos unigol a ddaeth i grynhoi'r ymrwymiad radicalaidd hwn oedd datgysylltiad yr Eglwys Anglicanaidd ym mhedair esgobaeth Cymru: Llandaf, Tyddewi, Bangor a Llanelwy. Yr oedd gorfod talu treth a degwm i sefydliad eglwysig nad oedd mwyafrif y bobl yn perthyn iddo wedi bod yn asgwrn cynnen ers blynyddoedd. Gyda dyfodiad to ifanc o wleidyddion tra galluog erbyn y 1880au, yn eu plith T. E. Ellis a David Lloyd George, cafodd y mater lawer mwy o sylw. Rhwng 1890 a 1914 ffyrnigodd y ffrae rhwng capel ac eglwys: y capeli yn galw am ddatgysylltu a dadwaddoli'r

Eglwys Anglicanaidd yng Nghymru, sef torri cysylltiadau â'r wladwriaeth Brydeinig a cholli'r incwm hanesyddol a dderbyniai yn sgil hynny, a'r eglwys yn ymladd i'r eithaf i ddal gafael yn ei statws a'i hincwm. Datblygodd gwrthdaro enbyd rhwng mudiad i amddiffyn yr eglwys, un bychan o ran nifer ond yn gymdeithasol uwch, Torïaidd, Saesneg ei iaith, a Seisgarol ar y naill law, ac ar y llall y dosbarth gweithiol, Cymraeg ei iaith, radicalaidd ei natur, a'i fryd ar ddefnyddio ei rym gwleidyddol i amddifadu'r eglwys sefydledig o'i chyfoeth a'i hawdurdod seciwlar. Yr oedd yr awyrgylch yn llawn casineb a gwenwyn, lawn cymaint oherwydd natur ymosodol rhai eglwyswyr megis A. G. Edwards, Esgob Llanelwy, ag oherwydd brwdfrydedd gor-seciwlar penboethion megis Lloyd George, gyda'r canlyniad fod graslondeb Cristnogol yn dioddef yn arw ar bob tu.

Tra oedd Ymneilltuaeth a'r Eglwys yn benben â'i gilydd ar goedd pawb, yr oedd newid gwleidyddol arall ar droed, un a fyddai o bwys aruthrol yn hanes Cymru yn yr ugeinfed ganrif. O fewn y Gymru Ryddfrydol cafwyd her nid yn unig o du'r Torïaid gwrthodedig, plaid dosbarth bychan o dirfeddianwyr, ond hefyd o gyfeiriad carfan newydd, a gynrychiolid yn y Senedd er 1900 gan yr aelod iau dros Ferthyr ac Aberdâr, sef Keir Hardie o'r Blaid Lafur Annibynnol (ILP). Fel yr oedd y Diwygiad yn cyflwyno gweledigaeth o Deyrnas Dduw, yr oedd y mudiad Llafur yn barod iawn hefyd i ddefnyddio ieithwedd feiblaidd a rhethreg ysgrythurol wrth gynnig i weithwyr cyffredin a'u teuluoedd ryw baradwys seciwlar, seiliedig ar ideoleg Sosialaidd, gan feio annhegwch cymdeithasol am ofidiau'r oes. Elfen newydd oedd Sosialaeth yng Nghymru ym 1904–5, ond un a fyddai'n tyfu i fod yn ffactor rymus tu hwnt yn y wlad.

Y mae un ffaith arall y dylid ei chrybwyll. Ar ôl y 1870au daeth addysg seciwlar drwy gyfrwng y Saesneg yn orfodol yn yr ysgolion cynradd ac uwchradd newydd. Erbyn troad y ganrif yr oedd ail genhedlaeth o blant yn cael gwybod am ffeithiau, damcaniaethau a dadansoddiadau a oedd, ar yr wyneb o leiaf, yn groes i'r hyn a ddysgid iddynt yn yr ysgol Sul. Wrth i'r sawl yr oedd eu byd-olwg yn un beiblaidd a'u credo yn deillio o'r 'Beibl yn unig' ddod wyneb yn wyneb â syniadau newydd, megis Darwiniaeth, beirniadaeth feiblaidd a datblygiadau gwyddonol cyfoes, yr oedd amheuon ynghylch crefydd yn sicr o godi. Enghraifft o eironi anochel moderneiddio oedd fod Prifysgol Cymru, a sefydlwyd ym 1893 o ganlyniad i ddyhead capelwyr Cymru am yr addysg orau bosibl i'w meibion a'u merched a fagwyd yn yr ysgol Sul, wedi dod yn gyfrwng i seciwlareiddio'r dosbarth canol newydd, a oedd yn dal yn Ymneilltuwyr mewn enw o leiaf. Dyna'r cymhlethdodau a'r pryderon a orweddai dan yr wyneb yn y Gymru frwdfrydig ac egnïol a oedd ohoni ym 1904–5.

Un canlyniad i'r pryderon hyn oedd galw ar Gristnogion i gymryd Duw o ddifrif ac i ymdrechu'n galetach i hyrwyddo dylanwad yr Ysbryd Glân ar eu bywydau. Bu diddordeb newydd yn athrawiaeth yr Ysbryd Glân o ddechrau'r 1890au ymlaen, gydag adfywiadau yma a thraw, yn aml mewn cynulleidfaoedd unigol, yn gyson drwy'r cyfnod hwn. Ym 1887 profodd Bangor adfywiad wedi ei ganoli yn yr Eglwys Fethodistaidd Wesleaidd; yr un flwyddyn hefyd digwyddodd profiad tebyg yn Llandeilo, sir Gaerfyrddin. Bu gweithgarwch diwygiadol yng Nghaersalem, Dowlais, yn niwedd 1890 a dechrau 1891, a chafodd 165 o bobl dröedigaeth a'u bedyddio yng nghapel y Bedyddwyr, Pontnewynydd, Gwent, rhwng Mehefin ac Awst 1892. Bu digwyddiadau tebyg ymhlith y Methodistiaid Calfinaidd yn Llandinam, sir Drefaldwyn, ym 1894, a chafwyd diwygiad lleol yn Aber-fan, Ynysowen, ym 1896. Teimlwyd ysbryd diwygiadol mewn cyfarfod o Gymdeithasfa'r Methodistiaid Calfinaidd ym Mhontycymer ym 1898, ac yn Llwynypia y flwyddyn ddilynol. Nid oedd yr ymwelwyr, na'r gweinidogion na'r blaenoriaid, wedi profi dim byd tebyg oddi ar 1859, er bod diwygiad mwy eang a mwy effeithiol wedi digwydd mewn llawer ardal yng ngogledd Cymru, yn enwedig yn sir Fôn, yn gysylltiedig â gweinidogaeth yr efengylydd Richard Owen ym 1883–4. 'Ai arwydd yw hyn fod yr Arglwydd ar fin ymweld â'i bobl unwaith eto?' oedd y cwestiwn a ofynnwyd yn aml ar ôl y Gymdeithasfa yn Llwynypia ar derfyn y bedwaredd ganrif ar bymtheg.

Gweddïo, moli, canu yn anad dim, a grwpiau bychain yn ymgynnull i ymbil ar Dduw i ddiwygio ei bobl – dyna oedd yn nodweddiadol o'r blynyddoedd hyn. Yr *oedd* pobl yn pryderu, rhyw deimlo bod y byd yn newid, bod gormod o bwys ar fydolrwydd, ar fateroliaeth, ond pryder oedd hwn a yrrai lawer i weddïo yn hytrach nag i anobeithio, ac yr oedd hyn yn arbennig o wir am yr enwadau, eu harweinyddion a'u ffyddloniaid. Galwodd Cymanfa Bedyddwyr Sir Fôn yn eu cynhadledd yn Llangefni ym 1900 ar i'r eglwysi neilltuo'r Sul cyntaf yn Awst i weddïo yn benodol am dywalltiad yr Ysbryd Glân, a threfnodd yr Undeb yn siroedd Dinbych, Y Fflint a Meirionnydd oedfaon arbennig yr hydref hwnnw 'i erfyn ar Dduw i ddiwygio ei achos ar gyfer dechrau'r ganrif newydd'. Teg, felly, yw dweud nad oedd y Diwygiad, pan ddaeth, yn annisgwyl, ac yr oedd yn amlwg fod pobl wedi paratoi ar ei gyfer.

Serch hynny, bu tystiolaeth drawiadol o eiddo Llawdden, sef y Deon David Howell o Eglwys Gadeiriol Tyddewi, yn fodd i argyhoeddi llawer fod diwygiad yn nesáu. Mewn anerchiad a gafodd gryn sylw a'i gyhoeddi yn Ionawr 1903, y mis y bu ef farw, disgrifiodd gyflwr anniddig yr eglwysi: 'Y mae'r pregethu, meddir, yn alluog, ysgolheigaidd, diddorol ac addysgiadol, ond nid oes ond ychydig o eneiniad – nid oes dwysbigo cydwybodau, na dadorchuddio cyflyrau, fel yn yr amser a fu.' Dywedodd wedyn mai arwynebol oedd llawer o ysbrydolrwydd cyfoes: 'Y mae hen ymadroddau yr amser gynt megis argyhoeddiad, tröedigaeth, edifeirwch, mabwysiad, marw i bechod, hunanffieiddiad a'r cyfryw wedi myned i raddau pell yn ddieithr o ddiystyr.' Er na fu Llawdden erioed yn wrth-ddeallusol yn ei ddiwinyddiaeth nac yn wrthwynebus i feirniadaeth feiblaidd fel y cyfryw – ei hoff ddiwinydd oedd Charles Gore, arweinydd y rhyddfrydwyr catholigaidd yn Eglwys Loegr – yr oedd yn ddeifiol ynghylch y sgeptigaeth a ddaethai'n nodwedd o'r gweithiau diwinyddol diweddaraf: 'Y mae awdurdod y Beibl a gwirioneddau sylfaenol Cristionogaeth yn cael eu pwyso yng nghlorian rheswm a beirniadaeth fel pe na baent yn ddim ond mympwyon dynion.' A'r feddyginiaeth? Nid oedd ond un: '[Yr] Ysbryd Glân yw'r unig feddyginiaeth ar gyfer anhwyldeb moesol ac ysbrydol Cymru ar hyn o bryd.' Yna, cafwyd y perorasiwn:

> Dalier sylw – pe gwybyddwyd mai hon yw fy nghenadwri olaf i'm cydwladwyr annwyl ar hyd a lled Cymru, cyn fy ngwysio i'r farn, a goleuni tragwyddoldeb eisoes yn torri droswyf, dyma hi – sef mai prif angen fy ngwlad a'm cenedl annwyl ar hyn o bryd yw adfywiad ysbrydol trwy dywalltiad nerthol o'r Ysbryd Glân.

Yr oedd y ffaith fod y geiriau grymus hyn wedi eu llefaru gan aelod adnabyddus o'r sefydliad Anglicanaidd yng Nghymru yn hynod arwyddocaol. Ac yntau'n frodor o Fro Morgannwg (pan oedd hi'n ardal Gymraeg ei hiaith), Howell oedd un o'r ychydig arweinyddion Cristnogol a allai bontio'r agendor rhwng capel a llan. Fel arweinydd y garfan efengylaidd yn yr Eglwys (er nad oedd ei efengyliaeth yn sectyddol o gwbl), cynrychiolai hefyd yr ochr wladgarol Gymreig o fewn eglwys Seisnigaidd. Tra oedd A. G. Edwards, Esgob Llanelwy, wedi penderfynu amddiffyn yr Eglwys yn erbyn Ymneilltuaeth trwy bwysleisio ei statws cymdeithasol a'i chysylltiad â'r teuluoedd bonedd, y tirfeddianwyr a'r Goron, ymfalchïai Howell yn ei wreiddiau gwerinol. Byddai'n mwynhau barddoni yn y mesurau caeth ac yr oedd ganddo lawer o gyfeillion ymhlith arweinyddion Ymneilltuol Cymru. At hynny, ef oedd un o bregethwyr efengylaidd mwyaf effeithiol yr Eglwys. Llawdden, yn anad neb arall, oedd y math o eglwyswr y byddai Ymneilltuwyr Cymru yn barod i wrando arno a'i barchu. Daeth ei eiriau olaf yn rhai proffwydol. Yr oedd y tymheredd ysbrydol wedi bod yn codi ers tro byd ac erbyn hyn yr oedd wedi cyrraedd y berw.

Pa bryd, felly, y dechreuodd y Diwygiad? Efallai mai annoeth fyddai lleoli man nac enwi person, ond mwy na thebyg y gellid dyddio'r Diwygiad i'r ail Sul yn Chwefror 1904. Dechreuodd yn y Tabernacl, capel y Methodistiaid Calfinaidd yng Ngheinewydd, sir Aberteifi. Y gweinidog yno oddi ar 1892 oedd Joseph Jenkins, brodor o Gwmystwyth yng ngogledd y sir a gychwynnodd ar ei weinidogaeth yng Nghaerffili yn y 1880au. Yn ddyn ysbrydol erioed, er 1902 yr oedd ei genadwri a'i fynegiant wedi grymuso a'r effaith a gâi ar ei wrandawyr yn prysur ddwysáu. Ynghyd â'i nai, y Parchedig John Thickens o Aberaeron, dechreuodd gynnal cyfarfodydd adnewyddu, cyfarfodydd a dyfodd yn boblogaidd ac effeithiol, yn enwedig ymhlith pobl ifainc. Aelod ifanc o'i gapel ef, sef Florrie Evans, a safodd ar ei thraed yng nghyfarfod gweddi'r bobl ifainc cyn oedfa'r bore yn Chwefror 1904 a dweud: 'Arglwydd Iesu, rwy'n dy garu â'm holl galon.' Gyda'r geiriau syml hyn digwyddodd rhywbeth rhyfeddol dros ben. Teimlodd pawb a oedd yno ryw wefr syfrdanol. Ac amser fel petai wedi ei lyncu gan dragwyddoldeb, cafwyd rhyw ymdeimlad llethol o'r trosgynnol ac o bresenoldeb Duw ei hun. Tystiai'r bobl fod gogoniant yr Arglwydd yn llenwi'r lle.

Yr oedd eraill yng ngorllewin Cymru wedi bod yn ceisio deffroad ysbrydol trwy fyfyrdod a gweddi er 1902–3. Er enghraifft, yr oedd Keri Evans a W. W. Lewis yng Nghaerfyrddin wedi profi angerdd hyd at lesmair wrth weddïo, a chyn bo hir dechreuodd pobl ifainc ardal y Cei efengylu a dweud wrth eraill am y profiadau a ddaethai i'w rhan. Erbyn diwedd y mis yr oedd trawsnewid mawr yn digwydd o gwmpas y pentref: y capeli yn orlawn, ysbryd gweddi ymhobman, a phobl yn ymdrwytho yn yr ysgrythurau ac ym mhethau'r Ysbryd. Cyrhaeddai newyddion hefyd am ddigwyddiadau tebyg yn codi'n ddigymell mewn rhannau eraill o Gymru: capel yr Annibynwyr, Saron, Maesteg, a oedd eisoes wedi profi adfywiad fis neu ddau ynghynt; Heol y Felin, Aberdâr; Pisgah, y Pîl; Pen-coed; a chapel Rhos, Aberpennar. Erbyn Mai 1904 yr oedd Wesleaid Tywyn, sir Feirionnydd, wedi profi deffroad carismataidd ei naws, ac felly hefyd Fedyddwyr Treorci dan weinidogaeth y Parchedig Gwynhefin Thomas. Erbyn diwedd y gwanwyn a dechrau'r haf yr oedd ysbryd diwygiad wedi ymledu o Geinewydd i bentref cyfagos Blaenannerch, a'r gweinidog yno, M. P. Morgan, yn ei amlygu ei hun fel pregethwr efengylaidd o fri. Yng ngogledd-ddwyrain Cymru yr oedd ardal lofaol Ponciau wedi ymdrwytho mewn gweithgarwch adfywiol. Pan wahoddwyd y Parchedigion J. R. Jones, Pontypridd, a Thomas Shankland, Y Rhyl, i'r cyrddau mawr blynyddol yn nechrau Mehefin, trowyd yr achlysur yn ymgyrch ddiwygiadol a barhaodd am bythefnos gyfan. Ymunodd Charles Davies, gweinidog y Tabernacl, Caerdydd, â hwy; erbyn hynny yr oedd y Diwygiad wedi cyrraedd o ddifrif. Yr un fu'r hanes eto trwy gydol misoedd Gorffennaf ac Awst yn y Caerau, Maesteg, ymhlith chwarelwyr Nant Peris wrth droed yr Wyddfa, yng nghapel Hebron, Dowlais, a llu o fannau eraill. Tystiai pobl i ymdeimlad o bresenoldeb neilltuol Duw ei hun, i'r rhyddid eithriadol a geid drwy weddi, ac i afiaith y canu cynulleidfaol:

Cerdd ymlaen, nefol dân,
Cymer yma feddiant glân.

O anfon di yr Ysbryd Glân
Yn enw Iesu mawr,
A'i weithrediadau megis tân,
O deued ef i lawr.

Yr oedd y torfeydd yn gyndyn i adael y cyfarfodydd yn y capeli hyd yn oed ar ôl oriau maith. Honnodd golygydd *Y Goleuad* ym mis Gorffennaf 1904 fod 'arwyddion diwygiadau o'i gylch mewn llawer lle'.

Erbyn hyn yr oedd arweinyddion y Diwygiad yn dod yn fwyfwy amlwg. Y mae'n debyg mai Joseph Jenkins oedd y mwyaf nodedig yn ystod y misoedd cyntaf, yn sicr yn ne-orllewin Cymru, ac fe'i gwahoddwyd i genhadu y tu hwnt i ffiniau ei sir ei hun. Yng nghapel Bethany, Rhydaman, dan ddylanwad Joseph Jenkins, cafodd y gweinidog, Nantlais Williams, brofiad ysbrydol llawer dyfnach nag erioed o'r blaen. Fel golygydd *Yr Efengylydd* ac fel emynydd, daeth wedi hynny yn geidwad y fflam a hefyd y mwyaf dylanwadol o'r efengyleiddwyr o fewn Eglwys Bresbyteraidd Cymru. Ymhlith y Bedyddwyr daeth R. B. Jones, Y Porth, i fri Duw. Yr oedd ar ei fwyaf grymus yn Rhosllannerchrugog, lle y cynhaliodd genhadaeth am bythefnos yng nghapel Penuel ym mis Tachwedd 1904. Treuliodd yr wythnos gyntaf yn cymell sancteiddrwydd llym ar yr aelodau eglwysig, a'r ail wythnos yn pregethu'r efengyl i rai a oedd heb ddod at Grist. Yr oedd y cynulleidfaoedd mor niferus nes y bu'n rhaid symud i'r Capel Mawr, y capel Presbyteraidd enfawr yn y pentref. Erbyn y Nadolig yr oedd cynifer â 743 o bobl ym Mhenuel yn unig wedi proffesu tröedigaeth a chael eu bedyddio.

Erbyn yr hydref yr oedd rhestr y lleoedd a gyffyrddwyd gan y Diwygiad yn tyfu o hyd: Tabernacl, Merthyr; Gwawr, Aberaman; Elim, Penydarren; Bethesda, sir Gaernarfon; Llanfechell, sir Fôn; Treffynnon, sir Y Fflint, lle'r oedd yr efengylydd Rosina Davies wedi gweithio'n hynod o galed;

Penmaen-mawr; Kyffin Square, Bangor, lle y cyrhaeddodd y Diwygiad ym mis Tachwedd 1904; Pwllheli; Abermo; Bae Colwyn; Blaenau Ffestiniog; Treforys, eto yn Nhachwedd 1904, lle y cafwyd 500 o dröedigion a llawer ohonynt wedi eu bedyddio yn Seion; ac yng Nghaerdydd, lle y cyflawnai Charles Davies waith rhyfeddol yn y Tabernacl a thu hwnt. Cyhoeddwyd toreth o adroddiadau am y Diwygiad gan newyddiaduron dyddiol a chan y wasg enwadol. Crynhowyd adroddiadau'r *Western Mail* mewn cyfres o lyfrynnau a gyhoeddwyd dan y teitl, *The Religious Revival in Wales, 1904*. Dengys y darnau isod, a gofnodwyd mewn dyddiadur gan Ddafydd Thomas, glöwr o Cross Hands, fel y gadawodd y Diwygiad ei ôl ar rai o bobl Pen-y-groes, Cefneithin, Y Tymbl a'r Mynydd Mawr ym 1905:

> Turn out diwygiadol. Gwŷr Cross Hands a Phenygroes yn un procession i'r Tumble ag yn ôl i'r Cross, a draw i Garreg Hollt a thrwy Heol y Dre i Gorslas. Yna, pawb yn ymadael i'w gwahanol gyfarfodydd (Llun, 2 Ionawr 1905).
>
> Bûm yn cwrdd diwygiadol bob nos yn Tabor (capel y Bedyddwyr, Cross Hands) ond nos Wener. Cwrdd gwresog iawn heno (Sadwrn, 7 Ionawr 1905).
>
> Bedydd yn Tabor yn y prydnawn, pryd yr oedd ugain yn cael eu bedyddio. Ffrwyth y diwygiad (Sadwrn, 14 Ionawr 1905).
>
> Morgans (y gweinidog) yn ei hwyliau gorau. Deuddeg ar hugain rhwng y rhai oedd yn dychwelyd, yn cael eu derbyn y bore hwn. Cawd cwrdd gweddi anghyffredin ar ôl cwrdd yr hwyr (Sul, 15 Ionawr 1905).
>
> Cwrdd diwygiadol undebol yn Tabor. Arthur Williams yn dod i'r cwrdd yn feddw, ac yn aros ar ôl (Llun, 16 Ionawr 1905).

Cafwyd tystiolaeth fwy annisgwyl gan Lloyd George mewn llythyr at ei wraig, 27 Rhagfyr 1904 :

> Very glad to hear of the Diwygiad. I hope the Garthecelynites will not treat it in a critical spirit. There are many characters which can never be impressed except by an eruption of this sort. You must take them to the brink of the crater and show them the burning sulphur in the depths. I am genuinely delighted. You know I am an intense believer in the goodness of this Diwygiad.

Ar 17 Medi yr oedd Seth Joshua yng Ngheinewydd ar wahoddiad Henaduriaeth De Sir Aberteifi (M.C.), corff a wnaethai bopeth posibl i hybu'r Diwygiad ac i gefnogi'r rhai a ddaethai dan ei ddylanwad. Treuliodd yr wythnos rhwng 17 a 23 Medi yn cynorthwyo gweinidog y Tabernacl, Joseph Jenkins, ac yn ceisio dysgu'r tröedigion newydd. Rhoddwyd pwyslais ar drwytho pobl ifainc yn y ffydd, yn yr ysgrythur ac mewn athrawiaeth Gristnogol, yn ogystal ag yn nyletswyddau moesol y bywyd newydd yng Nghrist. Y prif syniad oedd bywiogi eglwys y Tabernacl yn hytrach na chenhadu yn y byd; yn ddiweddarach y deuai hynny. Rhwng 24 a 29 Medi symudodd Seth Joshua i Gastellnewydd Emlyn, ar y ffin rhwng sir Gaerfyrddin a sir Aberteifi, ac ar 29 Medi i gapel M. P. Morgan ym Mlaenannerch. Yr oedd ysgol ragbaratoawl yng Nghastellnewydd Emlyn a ddarparai addysg sylfaenol i'r rhai a oedd yn dymuno cael eu derbyn i goleg diwinyddol neu i un o golegau Prifysgol Cymru, neu yn wir i unrhyw sefydliad addysg uwch. Pennaeth yr ysgol honno oedd John Phillips, mab i'r patriarch o Fethodist Calfinaidd Evan Phillips, a fuasai mor egnïol adeg Diwygiad 1859. Cefnogid yr ysgol gan y Methodistiaid Calfinaidd ac anfonent yno rai o'u hymgeiswyr am y weinidogaeth. Nid yw'n syndod, felly, fod myfyrwyr yr ysgol ymhlith lledaenwyr mwyaf selog y Diwygiad newydd a'u bod yn cymryd rhan flaenllaw yn yr ymgyrch genhadol dan arweiniad Joseph Jenkins ar y pryd. Bu hon yn elfen bwysig yn y modd y datblygodd yr hanes. Yr oedd rhai o'r myfyrwyr yn bresennol ym Mlaenannerch ar y noson honno, 29 Medi, a phan bwysleisiodd Seth Joshua wrth y gynulleidfa yr angen am edifeirwch dwys ac ymgysegriad llwyr, yr oedd un myfyriwr yn gwrando'n astud eithriadol. Ei enw oedd Evan Roberts, ac fe'i lloriwyd gan yr ymadrodd: 'Arglwydd, plyg ni!' Fel yn achos Florrie Evans a'i geiriau 'Arglwydd Iesu, rwy'n dy garu â'm holl galon', llanwyd y lle â phresenoldeb dwyfol. I bob golwg, effeithiodd hyn yn drymach ar Evan Roberts nag ar y gweddill.

Ganwyd Evan Roberts ar 8 Mehefin 1878 yn Island House, Casllwchwr, sir Forgannwg, yn fab i Henry a Hannah Roberts. Yr oedd ei rieni yn aelodau ffyddlon ym Moriah, capel y Methodistiaid Calfinaidd, ac yr oedd ei fagwraeth yn un nodweddiadol o Ymneilltuaeth Cymru yn oes Victoria – duwioldeb diffuant ynghyd â gwerthfawrogiad o farddoniaeth, canu a'r diwylliant eisteddfodol. Yr oedd Evan Roberts yn un duwiol hyd yn oed pan oedd yn blentyn. Daeth yn aelod eglwysig yn 13 oed heb erioed brofi tröedigaeth ddramatig oddi wrth fydolrwydd neu anghrediniaeth, ond yn hytrach trwy dderbyn yr egwyddorion a fuasai'n rhan mor bwysig o'i fagwraeth. Etifeddodd ffydd ei deulu a daliodd ati i'w meithrin, yn enwedig trwy waith yr ysgol Sul. Un o'r pethau anarferol yn ei gylch oedd amlder ac angerdd ei weddïo hyd yn oed pan oedd yn llanc, er nid oes unrhyw arwydd i hyn effeithio'n andwyol ar ei feddwl yn ystod ei arddegau. Ni fyddai byth yn gwrthryfela, ond ni adawai ychwaith i'w dduwioldeb lesteirio ei ddiddordeb yn niwylliant ei fro a'r capeli, yn enwedig mewn barddoniaeth a chanu. Ei brif faes darllen, ar wahân i'r Beibl, oedd *Geiriadur Beiblaidd* Thomas Charles, a hefyd *Y Gwyddoniadur Cymreig*. Un cyffredin ydoedd o ran deallusrwydd, a diantur o ran ei ddarllen. Mewn

31 Evan Roberts (1878–1951), prif symbylydd y Diwygiad, *c.*1904.

gwirionedd, dyn ifanc, iach, normal oedd Evan Roberts, a Christion gloyw. Dechreuodd weithio yn y lofa leol cyn symud i Nantgarw ac yna i Aberpennar yng Nghwm Cynon. Ar ôl treulio ymron ddeng mlynedd yng nghanol sir Forgannwg dychwelodd i orllewin Cymru, i Bontarddulais, ym 1902 i fod yn brentis gof gyda'i ewythr, Evan Edwards. Yn fuan wedyn dechreuodd bregethu er mwyn ymgymhwyso i fod yn weinidog gyda'r Methodistiaid Calfinaidd. Ar ôl cael ei gymeradwyo gan ei henaduriaeth, dechreuodd astudio yn yr ysgol ragbaratoawl yng Nghastellnewydd Emlyn yn gynnar ym 1904. Fodd bynnag, yr oedd eisoes mewn cyfyng-gyngor ynghylch bwrw ymlaen â'i astudiaethau ynteu cefnu ar hynny ac ymroi i achub eneidiau. Teimlai'n gynyddol mai dyma'r gwaith y galwyd ef ar ei gyfer.

Yn union fel y bu Cristnogion cydwybodol eraill yn dyheu am dywalltiad yr Ysbryd Glân ac yn rhoi mwy a mwy o bwyslais ar fyfyrdod a gweddi, felly y bu Evan Roberts hefyd yn treulio rhagor o amser yn gweddïo. O ddechrau'r ganrif ymlaen yr oedd wedi profi perlesmair a gorfoledd yn aml yn ystod ei weddïau. Byddai'n cael ei ddeffro tua un o'r gloch y bore gan bresenoldeb yr Ysbryd Glân; yna dechreuai weddïo a sylweddoli ei bod hi'n bump neu chwech o'r gloch, ac yntau'n tybio mai dim ond ychydig funudau a oedd wedi mynd heibio. Yn y cyflwr hwnnw byddai'n aml yn profi gweledigaethau. Magwraeth Brotestannaidd ac efengylaidd a gafodd, gyda'r ysgrythur yn bennaf awdurdod a'r pwyslais ar achub yr enaid. Ond yr oedd y math o brofiadau a gâi yn awr yn nes at gyfriniaeth gatholig, nid yn gymaint ffydd *yn* Nuw eithr undod *â* Duw; nid yn gymaint Crist fel iawn am bechodau, eithr Crist fel priodferch yr enaid.

Yr oedd diffygion amlwg yng nghyfundrefn athrawiaethol Roberts. Credai mai trwy ffydd y ceir iachawdwriaeth, ond mai trwy ymegnïo ac ymdrechu yn ysbrydol y gellir ennill dawn yr Ysbryd, peth a ddehonglodd fel profiad unigolyddol o lesmair, gorfoledd a llawenydd. Dylid cadw hyn mewn cof wrth ystyried diwinyddiaeth y Diwygiad. Ni fyddai neb yn honni bod Roberts yn ddiwinydd. Nid oedd ganddo amgyffrediad o wahaniaethau athrawiaethol na manylion felly. Ychydig a wyddai am ddiwinyddiaeth gyfundrefnol, am hanes yr Eglwys a hyd yn oed am draddodiadau ei gyfundeb Galfinaidd ei hun. Serch hynny, yr oedd hi'n amlwg mai Crist oedd gwaredwr ei enaid a bod ei brofiad personol mewn gweddi a defosiwn ymhell y tu hwnt i eiddo mwyafrif ei gyfoeswyr. Byddai'n profi'n gyson deimladau o orfoledd, a honnai iddo gael ugain a mwy o weledigaethau llesmeiriol yn ystod misoedd cyntaf 1904, ac i'r rhain ei adael yn orfoleddus ei ysbryd, ond eto i gyd mewn penbleth. Anterth hyn oll oedd y profiad tyngedfennol ym Mlaenannerch ar 29 Medi pryd y cyffesodd iddo gael ei blygu gan yr Ysbryd er mwyn i Dduw ei ddefnyddio ef i achub eneidiau trwy Gymru benbaladr.

Nid oedd Roberts, felly, yn ysgolhaig o fath yn y byd. Er mwyn dechrau ar gwrs academaidd a hyfforddiant ar gyfer y

32 Evan Roberts ar ei feic yng Nghemaes ym 1905.

weinidogaeth yn Nhrefeca neu'r Bala, byddai'n rhaid iddo ymgodymu â Lladin a Groeg, pynciau a fyddai'n debygol o fod y fwrn arno. Gyda chyffro'r Diwygiad o'i gwmpas ymhobman a'i brofiadau ef ei hun yn dwysáu drwy'r adeg, ni wyddai beth i'w wneud. A ddylai anghofio am y weinidogaeth ar hyn o bryd, ymadael â'r ysgol a chychwyn fel efengylydd teithiol ar ei liwt ei hun, ynteu a ddylai ddyfalbarhau a mynd yn weinidog ordeiniedig yn Eglwys Bresbyteraidd Cymru? Fis yn ddiweddarach, yn ystod pregeth gan Evan Phillips yng Nghastellnewydd Emlyn, penderfynodd y dylai roi'r llyfrau o'r neilltu. Drannoeth, 31 Hydref, dychwelodd adref i'w gapel, Moriah, Casllwchwr, i ddechrau ar y gwaith o adfywio ymhlith y to ifanc yno.

Y peth cyntaf a wnaeth Evan Roberts ar ôl cyrraedd adref y prynhawn Llun hwnnw oedd galw cyfarfod o bobl ifainc y capel. Daeth deunaw ohonynt ynghyd. Yno y rhannodd am y tro cyntaf yr hyn a ddaeth yn sail i'w genadwri ar hyd a lled Cymru. Dywedodd fod pedwar 'amod' ynghlwm wrth ddiwygiad: ymwadu â phob pechod hysbys; ymwrthod â phob peth a ystyrid yn amheus, boed yn ysbrydol neu'n foesol ('Yr ydych yn gofyn i mi beth sy'n amheus,' meddai rywbryd wedyn, 'nid fy lle i yw dweud hyn wrthych. Gofynnwch i Dduw mewn gweddi ac fe ddywed yr Ysbryd Glân wrthych.'); ufudd-dod cyson a di-oed i gymhellion yr Ysbryd Glân; arddel Crist ar goedd. Dywedodd wrth Sydney Evans, cyd-fyfyriwr yng Nghastellnewydd Emlyn a chyd-genhadwr, mai Duw ei hun a ddatgelodd y pedwar 'amod' hyn iddo.

Ar y nos Fawrth yr oedd nifer y bobl ifainc a ddaeth i'r cyfarfod wedi dyblu, a dyblodd eto nos Fercher, nes erbyn diwedd yr wythnos yr oedd y lle yn orlawn. Heb unrhyw amheuaeth, yr oedd yr hyn a glywent yn eu cyffroi, a hwythau wedyn yn ymwrthod â phechod ac â'r hyn a ystyrient yn anfoesol, yn ufuddhau i gymhellion yr Ysbryd ac yn arddel Crist. Dymunai Evan Roberts yn awr glywed rhagor o gyffesion ar goedd ac erbyn nos Iau yr oedd yn pwyso'n daer ar y gynulleidfa fawr a chynhyrfus i ymrwymo'n fwy cyflawn a mwy selog fyth i Grist. Yr oedd y gweddïo yn angerddol a phobl nid yn unig yn ymdeimlo â phresenoldeb Duw ond hefyd yn disgwyl i'r presenoldeb hwnnw ddwysáu, gan feichio wylo a dolefain. 'Anfon yr Ysbryd yn fwy grymus, er mwyn Iesu Grist', meddai, a thrwy'r adeg yr oedd yn hollol bendant ei fod yn gwneud y peth iawn a bod Duw yn ei arwain: 'Cofiwch, yr wyf yn gwneud y cyfan dan arweiniad yr Ysbryd Glân, a diolch iddo.' Erbyn hyn yr oedd yr awyrgylch yn drydanol. Prin y gellid dweud bod yno unrhyw drefn, eto i gyd ni ddigwyddai dim byd amharchus nac anweddus. Os oedd gan bobl amheuon (a rhaid bod cwestiynau yn codi ym meddwl y Parchedig David Jones, gweinidog Moriah a gweinidog Evan Roberts ei hun), cadw'n dawel a wnaent rhag diffodd fflam yr Ysbryd. Y farn gyffredinol, yn enwedig ymhlith yr ieuenctid, oedd mai gwaith yr Arglwydd oedd hyn.

33 Y Diwygwyr Cymreig a'u cyfeillion.

Erbyn ail wythnos mis Tachwedd, diolch i'r wasg, yr oedd Evan Roberts ar fin dod yn hysbys i bawb. Ar 10 Tachwedd adroddwyd yn y *Western Mail* :

> Evan Roberts . . . has been causing great suprise by his extraordinary orations at Moriah Chapel, that place of worship having been besieged by dense crowds of people unable to obtain admission. Such excitement has prevailed that the road in which the chapel is situated has been lined with people from end to end . . .

Y ffaith fod y wasg wedi rhoi sylw i'w brofiadau syfrdanol a droes Evan Roberts o fod yn bregethwr ifanc dibrofiad a dinod i fod yn arweinydd, i bob golwg, y Diwygiad hwn. Yn fuan wedyn daeth gwahoddiadau iddo fynd i genhadu ledled Cymru. Aeth ei daith genhadol gyntaf, o 13 Tachwedd tan 24 Rhagfyr, ag ef i gymoedd glofaol dwyrain Morgannwg, i Aberdâr, Trecynon a Phontycymer. Yr oedd ei asbri, ei ieuenctid, ei bersonoliaeth ddeniadol a'i ddidwylledd amlwg yn foddion effeithiol i boblogeiddio'r Diwygiad. Bu cyfraniad ei frawd Dan, ei gyd-fyfyriwr Sidney Evans, yr unawdydd Sam Jenkins ac, yn fwy dadleuol, ei fintai o efengyleddesau yn fodd i guddio'r diffygion diwinyddol a ddeuai i'r golwg hyd yn oed y pryd hwnnw. Ond yn ystod ei ail daith rhwng 28 Rhagfyr 1904 a 3 Chwefror 1905, taith a'i dygodd i gymoedd Tawe a Nedd ac i Ferthyr, dangoswyd gwrthwynebiad i'w genadwri a'i ddulliau, yn enwedig gan Peter Price.

Gweinidog Bethania, capel yr Annibynwyr, Dowlais, oedd Price, brodor o Ddolgellau a gŵr a raddiodd yng Ngholeg Prifysgol Cymru, Aberystwyth, a Choleg y Frenhines, Caergrawnt. Yr oedd yn academydd medrus ac yn bregethwr uchel ei barch. Bu'n weinidog yn Lerpwl yn ystod y 1890au ac yn Nowlais er dechrau 1904, ac yr oedd yn adnabyddus am ei frwdfrydedd efengylaidd. Cynyddodd nifer yr aelodau ym Methania o 700 yn nechrau 1904 i dros fil erbyn Ionawr 1905.

Mewn llythyr at y *Western Mail*, 31 Ionawr 1905, ymosododd yn hallt ar yr hyn a alwai 'the sham revival', dan arweiniad Evan Roberts, a oedd yn tanseilio'r 'true revival' a fu'n ysgubo'r wlad oddi ar wythnosau cyntaf 1904 a hynny heb unrhyw gysylltiad â'r dyn ifanc o Gasllwchwr. Yr hyn a flinai Price yn bennaf oedd pwyslais Evan Roberts ar ysbrydoliaeth ddwyfol uniongyrchol a digyfrwng, gogwydd a oedd fel petai'n dileu'r angen am bregethu gwrthrychol am waith a pherson Crist. Mynnai Price mai gŵr naïf oedd Roberts, yn defnyddio iaith nad oedd yn gyson â chymeriad rhywun a gynysgaeddwyd â phriodoleddau'r Duwdod ei hun. Fe'i cyhuddodd hefyd o ymgyrchu o blaid diwygiad trwy fygwth, cwynfan a swyn-ganu, a bod hyn yn dwyn i gof broffwydi Baal. Ychwanegodd y byddai'n well er lles pawb petai Roberts a'i gymdeithion benywaidd yn dychwelyd adref ar unwaith. Bu beirniadaeth faleisus a phersonol Price yn fodd i ennyn rhagor o gefnogaeth a phoblogrwydd i Roberts a hefyd i wanhau unrhyw ddilysrwydd a allai fod yn ei sylwadau. Eto i gyd, yr oedd rhai yn fodlon addef yn ddiweddarach fod gwirionedd yn ei eiriau, er gwaethaf eu natur ymosodol.

Cynhaliwyd y drydedd daith rhwng 8 a 21 Chwefror, y tro hwn i gymoedd Ogwr, Llynfi ac Afan yng nghanol Morgannwg, ond fe'i cwtogwyd gan benderfyniad y diwygiwr pan oedd yng Nghastell-nedd i encilio am wythnos a thorri pob cysylltiad â'r byd mawr y tu allan. Erbyn hyn yr oedd gweithgareddau Roberts yn anesmwytho hyd yn oed ei gefnogwyr ef ei hun. Gan ddal i seilio ei genadwri ar y pedwar 'amod', byddai weithiau'n atal y cyfarfod ac yn cychwyn eto os teimlai fod yno ryw dramgwydd neu rwystr rhag derbyn yr Ysbryd Glân. Dyma a ysgrifennodd H. Elvet Lewis, y bardd Elfed, un o gefnogwyr mwyaf hynaws y Diwygiad:

> His general methods were becoming more sharply marked, his clairvoyant expressions more definite and

> more frequent. He was more and more given to locate hindrances in his meetings, and almost to name the hinderers. It was the growth of these practices that led to some [of the] most unhappy incidents.

Ddydd Mawrth, 21 Chwefror, yn y Tabernacl, Cwmafan, ataliodd Evan Roberts y cyfarfod, gan honni bod enaid colledig yn bresennol yno ac mai ofer fyddai gweddi i'w achub. Daeth y gorfoleddu i ben ac y mae'n amlwg fod y gynulleidfa wedi dychryn. Yna, dechreuodd y gynulleidfa ochneidio ac wylo'n dorcalonnus tra oedd Roberts ei hun yn dioddef pangfeydd ac arteithiau'r enaid. Daeth yn amlwg fod y cyflwr hwn yn gwaethygu beunydd ac, o ganlyniad, yr oedd yn rhyddhad i amryw ei fod wedi encilio i Gastell-nedd. Serch hynny, ychwanegu at y dirgelwch yn ei gylch a wnaeth yr 'wythnos ddistaw' honno a bu cryn ddyfalu yn ei gylch. Dechreuodd rhai ofyn tybed a oedd natur ei weinidogaeth yn briodol?

Wedi seibiant byr cychwynnodd Evan Roberts am Lerpwl ar 28 Mawrth i arwain cenhadaeth a drefnwyd gan gapeli Cymraeg y ddinas. Aeth hyn ag ef y tu allan i'w gynefin yn y de a'i wneud yn efengylydd i Gymru gyfan. Yn Gymraeg y llefarai – yn wir, gwrthododd siarad Saesneg yn Abertawe, er enghraifft, gan fynnu mai dyna oedd ewyllys yr Ysbryd Glân. Y gwir amdani yw ei fod bellach yn cael croeso ymhobman fel cyfrwng a ddewiswyd gan Dduw i adfywio'r genedl. Fodd bynnag, ymhlith y Cymry yn Lerpwl y rhoddwyd tragwyddol heol i'r duedd glirweledol a oedd mor nodedig ynghylch ei weinidogaeth. Mynnai'n gyson yn ystod y pythefnos dilynol ei fod yn gwybod trwy reddf ddwyfol am bechodau penodol rhai unigolion ac am yr angen iddynt edifarhau ar goedd er mwyn i'r cyfarfod fynd rhagddo. Achosodd hyn fwy o anesmwythyd nag o les, er bod mwy na digon o dystiolaeth fod lluoedd mawr o bobl wedi derbyn bendith er gwaethaf popeth. O sylwi ar arwyddion corfforol y gwewyr meddwl ac ysbryd a boenai

Roberts, dechreuodd ei westeiwyr ofidio'n arw ynghylch ei gyflwr seicolegol. Bu'n gorffwys am fis yng Nghapel Curig er mwyn adennill ei nerth a chynllunio at y dyfodol. Y mae'r ddelwedd o'r deheuwr ifanc hwn yn treulio'i amser yn myfyrio yng nghefn gwlad Gwynedd yng nghysgod yr Wyddfa yn dangos unwaith eto fel yr oedd y Cymry a'r tueddfryd cyfriniol yn annatod glwm erbyn hyn.

Cynhaliwyd y bumed daith, sef i sir Fôn, Caernarfon a'r Bala, o 6 Mehefin hyd at 3 Gorffennaf. Yn ystod y cyfnod hwn yr oedd y diwygiwr i bob golwg wedi gwella o'i anhwylder ac yn llawer mwy cytbwys ei genadwri a'i ddull o draddodi. Bu'n annerch rhagor na deg ar hugain o gyfarfodydd. Denodd fwy nag ugain mil o wrandawyr, llawer iawn ohonynt yn llawn edmygedd o'i weinidogaeth. Erbyn haf 1905 yr oedd Evan Roberts wedi dod yn fwy cymedrol o ran emosiwn cyhoeddus ac wedi peidio â sôn am bedwar 'amod' diwygiad. Mewn gwirionedd, yr oedd ei bwyslais diwinyddol yn symud oddi wrth weithrediadau goddrychol yr Ysbryd Glân at elfen wrthrychol y gwaith cymodi yng Nghrist. Digwyddodd hyn o ganlyniad i'r cyngor a roddwyd iddo'n garedig gan arweinwyr eglwysi Lerpwl, a bu'n ddigon doeth i'w dderbyn. Yn ystod y daith hon yr oedd Evan Roberts ar ei orau. Câi groeso tywysogaidd fel gŵr Duw ac yr oedd yr amheuon a'i dilynodd ynghynt yn y flwyddyn wedi cilio. Chwedl Elfed:

> From Liverpool he went, after a period of rest, to Anglesey, the isle of John Elias and Christmas Evans. Apart from Holyhead, the country is purely agricultural. Here in the brightness of June days and the golden stillness of June evenings, sometimes in the sight of the sea, oftener still in sight of the heights of Snowdon, thousands upon thousands gathered, and made the open field sacred ground with their prayers and psalms, with confessions and conversions. The sound of those meetings has re-echoed among the Alps,

34 Miss Annie Davies, Maesteg.

> and on the banks of the Rhine, and indeed to the ends of the earth. 'Send me a Welsh grammar' was the request of a Swiss visitor, on his return home, after charmed days of Welsh prayer and hymn, of Bendigedig and Diolch iddo!

Bu dwy daith genhadol arall tua diwedd y flwyddyn, y naill i gymoedd Morgannwg rhwng 15 Tachwedd a 2 Rhagfyr, a'r llall i ogledd Cymru rhwng hynny a'r Nadolig. Ceir yr argraff fod cyffro eithafol y cyfnod cynnar wedi tawelu, a'r Diwygiad yn symud i gyfnod llai ymfflamychol. Erbyn hyn yr oedd pobl yn dechrau blino ar y gweithgareddau ac yn sylweddoli bod rhagor i fywyd y Cristion na mynychu oedfaon a chyfarfodydd, a gweddïo a chanu emynau. Yn etholiad cyffredinol 1906 enillodd y Rhyddfrydwyr fuddugoliaeth ysgubol, ac agorodd hyn y ffordd i Lloyd George allu dringo i uchelfannau grym. Yn sgil hyn dychwelodd diddordeb pobl yn y byd seciwlar ac mewn gwleidyddiaeth. Daeth addysg a materion cymdeithasol yn bynciau llosg unwaith eto. Aeth Evan Roberts ar ei daith genhadol olaf, i sir Gaernarfon, rhwng 4 a 18 Ionawr 1906. Erbyn hynny yr oedd y Diwygiad ei hun ar fin dod i ben. Fel y nododd R. Tudur Jones:

> Ychydig iawn o ddychweledigion oedd yn y cyfarfod hyn. Ond, o ran hynny, o ble gallai dychweledigion ddod? Dywedwyd wrtho ym Mhen-y-groes nad oedd yn y pentrefi i gyd ond 26 o esgeuluswyr hollol, a dim ond cant neu well o wrandawyr. Yr oedd y Diwygiad wedi gwneud ei waith.

Erbyn hyn yr oedd Evan Roberts yn ŵr sobrach. Teimlai'n gynyddol siomedig ynghylch y modd y datblygodd y Diwygiad ac, yn eironig, ynghylch y gordeimladrwydd agored a ddaethai'n gymaint rhan o'r flwyddyn flaenorol – gordeimladrwydd na wnaethai ef ei hun fawr ddim i'w reoli ar y pryd. Ym mis Mawrth 1906 gadawodd Gymru a mynd i Gaerlŷr yn westai yng nghartref Mrs Jessie Penn-Lewis, gwraig i swyddog mewn llywodraeth leol, a oedd yn ffigur amlwg mewn cylchoedd efengylaidd. Cyn bo hir yr oedd wedi cefnu ar y byd cyhoeddus er mwyn ymgymryd â gweinidogaeth eiriolaeth. Dwysáu'r *mystique* o gwmpas Evan Roberts a wnaeth hyn, ac felly hefyd y ffaith na châi hyd yn oed ei deulu ganiatâd i'w weld. Yr oedd fel petai'n garcharor ar aelwyd Penn-Lewis. O hynny ymlaen Caerlŷr oedd ei gartref. Yn ei gyfrol fechan *Gwasanaeth a Milwriaeth Ysbrydol* (1912) ac yna *War on the Saints* (1912), a luniwyd ganddo ef a Mrs Penn-Lewis, gwelir pa mor ddadrithiedig yr oedd ynglŷn â'r Diwygiad. Mynnai bellach fod dau ddiwygiad wedi digwydd, y naill yn ddilys a'r llall yn ffug – yr oedd hyn yn dwyn i gof eiriau Peter Price – a

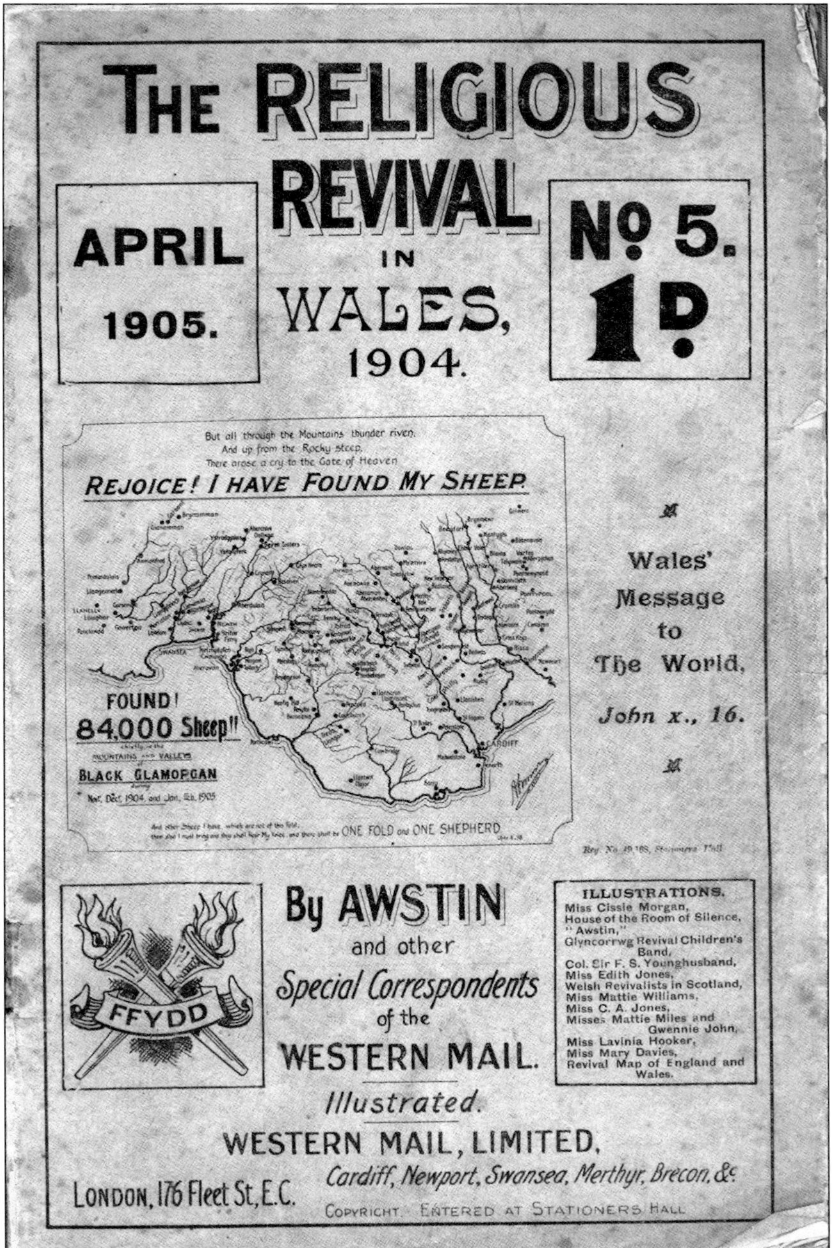
THE RELIGIOUS REVIVAL IN WALES, 1904.

APRIL 1905.

No 5. 1D.

But all through the Mountains thunder riven,
And up from the Rocky steep,
There arose a cry to the Gate of Heaven

REJOICE! I HAVE FOUND MY SHEEP.

FOUND! 84,000 Sheep!! chiefly in the MOUNTAINS AND VALLEYS of BLACK GLAMORGAN during Nov., Dec., 1904, and Jan., Feb., 1905.

ONE FOLD and ONE SHEPHERD.

Wales' Message to The World, John x., 16.

By AWSTIN and other Special Correspondents of the WESTERN MAIL.

Illustrated.

FFYDD

ILLUSTRATIONS.
Miss Cissie Morgan,
House of the Room of Silence,
"Awstin,"
Glyncorrwg Revival Children's Band,
Col. Sir F. S. Younghusband,
Miss Edith Jones,
Welsh Revivalists in Scotland,
Miss Mattie Williams,
Miss C. A. Jones,
Misses Mattie Miles and Gwennie John,
Miss Lavinia Hooker,
Miss Mary Davies,
Revival Map of England and Wales.

WESTERN MAIL, LIMITED,
LONDON, 176 Fleet St, E.C. Cardiff, Newport, Swansea, Merthyr, Brecon, &c.
COPYRIGHT. ENTERED AT STATIONERS HALL

35 Rhoddai 'Awstin', gohebydd y *Western Mail*, gryn gyhoeddusrwydd i'r Diwygiad a'i ganlyniadau.

bod yr un dilys wedi ei feddiannu a'i gipio gan ysbrydion anfad. Y mae'r ddwy gyfrol yn rhai od, a dweud y lleiaf, ac yn rhai hynod drist. Y mae'r ddemonoleg sydd ynddynt yn gwbl anuniongred. Fel y dywedodd R. Tudur Jones, yr argraff a gawn yw mai'r peth mwyaf dychrynllyd a allai ddigwydd i Gristion yw cael ei fedyddio â'r Ysbryd Glân! Yr hyn a wnaeth y Diwygiad, meddai Evan Roberts yn awr, oedd deffro holl gythreuliaid y Fall. Llesteiriwyd ewyllys Duw ac, yn hytrach na bod yn fendith i Gymru, bu'r Diwygiad yn rhyw fath o felltith.

A dyna ddiwedd Evan Roberts i bob pwrpas. Ar ôl byw yng Nghaerlŷr am ryw bymtheng mlynedd, dychwelodd i Gymru i letya gyda charedigion yng Nghaerdydd. Ymddengys fod ei ddiddordeb mewn materion ysbrydol wedi lleihau. Ni fyddai'n mynychu addoldy yn rheolaidd yn ystod ei gyfnod yng Nghaerdydd, nac ychwaith yn ymwneud ag unrhyw weithgareddau cyhoeddus. Serch hynny, un peth a wnâi'n gyson fyddai ymweld â'r Eisteddfod Genedlaethol ym mis Awst bob blwyddyn. Ar wahân i hynny, ni fyddai, yn ôl pob sôn, yn cymdeithasu fawr ddim â neb. Bu farw yn 73 oed mewn cartref nyrsio ym Mhen-y-lan ar 29 Ionawr 1951. Pan ddechreuodd y Diwygiad yn Chwefror 1904 yr oedd yn 26 oed, a chwta blwyddyn a hanner yn unig y parhaodd ei weinidogaeth.

Beth a ddywedwn am hyn oll? Ar y naill law, yr oedd y Diwygiad yn rhywbeth gogoneddus, ac ar y llall yr oedd yn ffenomen ryfedd. Gellir dweud ei fod yn llwyddiant ac yn fethiant. Yr oedd yn nerthol a chryf *ac* yn druenus a gwan yr un pryd. Sut felly?

Yn nhyb R. Tudur Jones, yn rhannol ar sail dadansoddiad a gyhoeddwyd ym 1906 gan y diwinydd o Ffrancwr Henri Bois, *Le Reveil au Pays de Galles* – yr oedd a wnelai hyn â Duw yn galw'r Cymry i gyfrif am eu hanffyddlondeb i'w hetifeddiaeth hanesyddol ac yn rhoi cyfle olaf i'r genedl edifarhau. Gwendid y dadansoddiad cenedlgarol hwn yw iddo fethu ateb rhai cwestiynau amlwg, megis sut y bu iddo ddigwydd yr adeg honno yn hytrach na, dyweder, ym 1915 neu 1925? Y gwir amdani yw bod effaith Diwygiad 1904-5 yn fyd-eang. Nid oedd yr hyn a oedd yn wir am berthynas Cymru â'i Duw o reidrwydd yn wir am Norwy neu Ddenmarc neu bobl Stryd Azuza yn Los Angeles, a brofodd ddiwygiad tua'r un adeg. Ac os mai Duw yn galw'r genedl i gyfrif am y tro olaf oedd y Diwygiad, sut y gellid esbonio diwygiadau 1735, 1761 neu 1859, tri diwygiad a ledodd trwy Gymru gyfan, er nad oedd unrhyw ansicrwydd ynghylch cenedligrwydd y Cymry a'u dyfodol diwylliannol y pryd hwnnw?

Y mae dadansoddiad T. M. Bassett yn *Bedyddwyr Cymru* (1977) yn fwy Marcsaidd ei natur ac yn dangos arwyddocâd gwahaniaethau dosbarth. Eto i gyd, y mae'r un mor unochrog. Os oedd gwrthdaro yn bodoli rhwng haenau dosbarth, ac anhrefn economaidd yn digwydd yng nghymoedd y de ym 1905, ychydig iawn o hynny a geid ar y pryd yn sir Fôn, dyweder, neu yn ne sir Aberteifi, neu yn sir Drefaldwyn wledig, er bod y Diwygiad wedi gwneud argraff yr un mor gryf yn y mannau hynny hefyd. A phaham 1905, hyd yn oed yn y cymoedd? Cafwyd brwydr ddosbarth amlwg yn Nhonypandy ym 1911 pan yrrodd Winston Churchill filwyr yno i gadw trefn, ac yr oedd cyni economaidd yn llawer gwaeth ar ôl y Rhyfel Mawr nag yr oedd yn anterth yr oes Edwardaidd. At hynny, nid yw dadansoddiad Marcsaidd yn gwneud cyfiawnder o gwbl â'r digwyddiadau cynharach ym 1735, 1761 a 1859.

Y mae angen i haneswyr, cymdeithasegwyr, economegwyr a hyd yn oed seicolegwyr fwrw ati a chynnig eu damcaniaethau eu hunain ynghylch diwygiadau crefyddol – paham eu bod yn digwydd a pha bryd ac ymhlith pwy. A ydym yn sôn am grefydd y difreintiedig, pobl wedi eu dal yn ôl yn gymdeithasol ac yn wleidyddol, ac o'r herwydd yn cael cysur wrth obeithio am nefoedd yn y byd a ddaw? Rhaid amau hyn, o leiaf yn yr achos arbennig hwn. Paham y cawsom ddiwygiad *yng Nghymru* ym 1904–5? A phaham ym *1904–5* yng Nghymru? Yr ydym, fe ymddengys, yn ymdrin â dirgelwch pwrpas Duw ar gyfer ei bobl ac ar gyfer y ddynoliaeth i gyd.

Beth am natur y Diwygiad? Heb amheuaeth, yr oedd pwyslais ar ymateb yn deimladol, a'r amgyffrediad o'r Ysbryd Glân fwy yn nhermau tân na goleuni, yn tueddu i effeithio ar y teimladau yn hytrach nag ar y meddwl a'r ewyllys. Ni chododd cenhedlaeth newydd o feddylwyr Cristnogol yng Nghymru yn sgil y Diwygiad, ac ni chynhyrchwyd to newydd o ddiwinyddion o'r radd flaenaf. Ar ei gorau, ail-law oedd diwinyddiaeth y Diwygiad, a rhyfedd a naïf ar ei gwaethaf. Tueddai 'plant y Diwygiad' at bietistiaeth lle'r oedd y deall dan amheuaeth, a chredent fod diwinyddiaeth yn lladd brwdfrydedd ac yn arwain pobl ar gyfeiliorn. Aeth R. B. Jones a Nantlais Williams, er gwaethaf eu deallusrwydd, yn llythrenolwyr beiblaidd ac yn ffwndamentalwyr tra chul. Nid oedd gan lawer ohonynt athrawiaeth gredadwy am y Creu ac yr oeddynt yn dewis bod ar wahân i ffrwd gyfoethog uniongrededd Cristnogol neu'r ffydd Ddiwygiedig. Y diwinyddion mwyaf galluog a ddaeth i'r amlwg oddeutu cyfnod y Diwygiad oedd y rhyddfrydwyr Thomas Rees, John Morgan Jones a D. Miall Edwards; tri gŵr a oedd yn hynod ddeallus, ond yn gwbl ddibris o frwdaniaeth y ffenomen ac yn elyniaethus at uniongrededd clasurol yr eglwys. Er bod pobl yn trafod yr Ysbryd Glân ac, yn ddiamau, wedi profi'r Ysbryd, ac wedi addoli trwy'r Ysbryd, ni chafodd Cymru ddiwinydd yr Ysbryd Glân. Bu hynny'n golled fawr.

Yr un mor ddifrifol, onid mwy difrifol na'r diffyg athrawiaethol, oedd methiant y Diwygiad i fynd i'r afael â phroblemau cymdeithasol a gwleidyddol Cymru ar y pryd. Gadawyd i'r Blaid Lafur ac undebaeth lafur, a fu mor drwm eu dylanwad ar Gymru'r ugeinfed ganrif, ddilyn eu trywydd

36 'Y Diwygiad Crefyddol': delwedd gan J. M. Staniforth ym 1904.

seciwlar eu hunain. Ymhlith y Cristnogion a geisiodd ddwyn Ymneilltuaeth a Sosialaeth yn nes at ei gilydd yr oedd nifer o ryddfrydwyr diwinyddol a weithiai trwy fudiad yr efengyl gymdeithasol. Ond prin oedd eu dirnadaeth o uniongrededd glasurol, a golygai eu syniadau am berffeithioldeb ac am Deyrnas Dduw fel dyfais gymdeithasol fod ideoleg yn bwysicach na diwinyddiaeth yn eu tyb hwy. Yn hytrach na chaniatáu i ffydd feirniadu ac ysbrydoli mewn materion cymdeithasol a gwleidyddol, cafodd ei glastwreiddio.

Cafwyd ymateb negyddol hefyd ar ôl y Diwygiad, yn enwedig ymhlith y genhedlaeth a ddaeth i amlygrwydd yn ail ddegawd yr ugeinfed ganrif. Magwyd Idris Davies, y bardd o'r Rhymni, yng nghapel Penuel ond, fel llawer un arall o awduron Eingl-Gymreig y 1930au, cefnodd ar Gristnogaeth yn gyfan gwbl: 'In Wales religion is a fungus which spread rapidly after the semi-lunatic Methodist revival, and which spawned still coarsest after the crudities of the 1904–5 revival.' Cymharer hyn â thystiolaeth D. R. Davies, awdur *On to Orthodoxy*, un o dröedigion y Diwygiad a ddilynodd lwybr troellog o ffwndamentaliaeth i Undodiaeth, i'r ffydd Ddiwygiedig ac yna i'r Eglwys Anglicanaidd. Meddai ef: 'the revival was the swan-song of the old religious tradition in Wales . . . the consumptive's flush of death'.

Os gwrthododd Idris Davies Gristnogaeth yn llwyr, ac os adweithiodd D. R. Davies yn erbyn sêl gynnar ei dröedigaeth, yr oedd hyd yn oed gefnogwr mor bwyllog â Keri Evans yn feirniadol ac yn siomedig, braidd. Ar ôl bod yn dyst i'r dirywiad ar ôl 1905, meddai:

> Yr unig beth a ddysgais oedd bod Ysbryd Duw'n gallu grymuso ewyllys y sawl sydd o ddifrif heb help emosiwn brwd; yn wir, bod emosiwn yn rhwystr i'r graddau y caiff ei ffordd i fod yn feistr yn hytrach nag yn was. Gyda golwg ar blant eraill y diwygiad, y mae'n achos tristwch i mi bod llawer ohonynt wedi ymgaregu yn llythyren yr athrawiaeth, ac fel 'pabau bach' yn condemnio'r neb na dderbynio'r ffurf o gyfundrefn ddynol a goleddant hwy.

Beth am yr ochr gadarnhaol? Trwy gyfrwng y Diwygiad cafodd degau o filoedd o bobl brofiad byw a gwirioneddol o Dduw, gweledigaeth gynhyrfus o'i deyrnas, gwerthfawrogiad newydd o'r efengyl, a'r argyhoeddiad y gall Cristnogaeth ddyrchafu pobl uwchlaw'r undonog a'r cyffredin drwy newid eu bywydau. Rhoes iddynt hefyd gariad at Gymru – wedi'r cwbl, yma, yn ein gwlad ni, y digwyddodd y Diwygiad, ac nid drwg o beth yw parchu traddodiad ysbrydol sy'n ein cysylltu â mileniwm a hanner o dystiolaeth Gristnogol gyfoethog. Daeth â phobl ifainc a menywod o'r cyrion i ganol byd crefydd, a rhoes i ddynion ifainc ffydd a'u cynorthwyodd i wynebu erchyllterau Passchendaele a'r Somme, os nad yn ddibryder, o leiaf yn wrol a phenderfynol. Er bod yr addoldai cyn 1904 fwy neu lai yn llawn, bu'n fodd i atgoffa aelodau eglwysig fod ffydd yn golygu mwy na moesoldeb yn unig, neu ymrwymiad mewn enw i gredo ffurfiol. Bu'r Diwygiad yn ddylanwad adfywiol ar y prif enwadau, gan gynnwys yr eglwysi plwyf, a chreodd hefyd ei enwadau ei hun – yr Eglwys Apostolaidd ac, yn rhannol, eglwys Elim Four Square George Jeffreys. Trwy'r rhain cyfrannodd at yr hyn y gellid ei ddisgrifio fel y datblygiad mwyaf arwyddocaol mewn Cristnogaeth fyd-eang yn ystod yr ugeinfed ganrif, sef Pentecostiaeth. O'u rhoi yn y glorian, y mae'r elfennau cadarnhaol yn gorbwyso'r negyddol. Y mae'n gwbl addas, felly, ein bod ar dudalennau *Cof Cenedl* yn dathlu'r rhyfeddod hwnnw yn hanes ein pobl, sef Diwygiad 1904-5.

DARLLEN PELLACH

Eifion Evans, *Diwygiad Crefyddol 1904–05* (Pen-y-bont ar Ogwr, 2002).

Sydney Evans a Gomer M. Roberts (goln.), *Cyfrol Goffa Diwygiad 1904–1905* (Caernarfon, 1954).

Noel Gibbard, *Caniadau'r Diwygiad: Golwg ar Emynau, Penillion a Thonau Diwygiad 1904–05* (Pen-y-bont ar Ogwr, 2003).

Noel Gibbard, (gol.) *Nefol Dân: Agweddau ar Ddiwygiad 1904–05* (Pen-y-bont ar Ogwr, 2004).

John Harvey, 'Spiritual Emblems: The Visions of the 1904–05 Welsh Revival', *Llafur*, 6, rhif 2 (1993).

Brynmor Pierce Jones, *Voices from the Welsh Revival: An Anthology of Testimonies* (Pen-y-bont ar Ogwr, 1995).

R. Tudur Jones, *Ffydd ac Argyfwng Cenedl, Cyfrol 2, Dryswch a Diwygiad* (Abertawe, 1982).

H. Elvet Lewis, *With Christ among the Miners: Incidents and Impressions of the Welsh Revival* (Llundain, [1906]).

J. Vyrnwy Morgan, *The Welsh Religious Revival: A Retrospect and a Criticism* (Llundain, 1909).

D. M. Phillips, *Evan Roberts a'i Waith* (Dolgellau, 1912).